Sempre tua

SEMPRE TUA

correspondência amorosa
1920-1925

Apresentação, organização, fixação de texto e notas
Maria Lúcia Dal Farra

ILUMI//URAS

Coleção Vera Cruz
Dirigida por Maria Lúcia Dal Farra e Samuel Leon

Copyright © 2012
Maria Lúcia Dal Farra

Copyright © desta edição
Editora Iluminuras Ltda.

Capa
Eder Cardoso / Iluminuras
sobre foto de autor desconhecido, 1935.

Revisão
Jane Pessoa
Ana Luiza Couto

CIP-BRASIL. CATALOGAÇÃO-NA-FONTE
SINDICATO NACIONAL DOS EDITORES DE LIVROS, RJ

E73p

Espanca, Florbela, 1894-1930
    Sempre tua; apresentação, organização, fixação de texto
e notas Maria Lúcia Dal Farra; - São Paulo : Iluminuras, 2012.

    ISBN 978-85-7321-330-0

    1. Espanca, Florbela, 1895-1930 - Correspondência. 2. Guimarães, António. 3. Epistolografia Portuguesa. I. Dal Farra, Maria Lúcia, 1944-. II. Título.

10-2752.   CDD: 869.6
                     CDU: 821.134.3-6

2023
ILUMI//URAS
desde 1987
Rua Salvador Corrêa, 119 | 04109-070
Aclimação | São Paulo/SP | Brasil
Tel./ Fax: 55 11 3031-6161
iluminuras@iluminuras.com.br
www.iluminuras.com.br

SUMÁRIO

A SEMPRE INEFÁVEL FLORBELA, 9
Maria Lúcia Dal Farra

Dados biográficos de Florbela Espanca, 41

Bibliografia de Florbela Espanca, 51

AS CARTAS DE AMOR

1. Lisboa: As "malditas prevenções", 53
   ("Meu Grande Urso")

2. Sintra: A lua de mel, 113
   ("Meu respeitado Senhor e Dono")

3. Lisboa: As fantasmagorias do lar, 127
   ("O tanso do nosso filho")

4. Bastidores: O primeiro divórcio, 145
   ("Adeus, Alberto")

5. Évora: Inventários e cumplicidade sexual, 157
   ("Meu Preto Pequenininho")

6. Castelo da Foz:
   A Florbela dos versos e do criatório, 191

7. Évora: A viagem de negócios, 203
("O rico Fochinhinho")

8. Amadora e Lisboa: Interregno, 221
(Apeles na Travessia do Atlântico Sul e
Livro de Sóror Saudade)

9. Lisboa e Gonça: O "calvário", 243
"Amar-te a vida inteira eu não podia"
(O "Bicho Mau")

A SEMPRE INEFÁVEL
FLORBELA

Maria Lúcia Dal Farra

Para
Mina, Zina e Ziza.

Foi Agustina Bessa-Luís quem (desde 1979) suspeitou que a paixão de Florbela por António Marques Guimarães não comportava propriamente razões de ordem intelectual. Tal suposição ficou pairando assim mesmo, como mera intuição de uma extraordinária ficcionista — o que, aliás, não é pouco! — até dezembro de 2008, aquando da publicação da correspondência (então inédita) de Florbela a António Guimarães.[1] E eis que a perspicácia de Agustina veio a se comprovar certeira!

De fato. O perfil deste segundo marido da Poetisa é mui diverso daquele do primeiro, que era professor e seu ex-colega de liceu, e do derradeiro, que era médico. Alferes da Guarda Nacional Republicana, Guimarães é o receptor das únicas conhecidas cartas de amor do punho de Florbela Espanca. E elas atestam, a contento, a faísca que soldou (e eletrizou) durante cerca de cinco anos e meio estas duas pessoas: a

---

[1] Os manuscritos originais das cartas de Florbela a António Guimarães estão depositados na Biblioteca Municipal Florbela Espanca, de Matosinhos. Apenas a carta de 4 de março de 1920, a primeira delas, era, desde 1976, conhecida. Fora publicada por Maria Alexandrina em "Da vida e da poesia de Florbela Espanca (IV): A primeira carta" (*Ela, Donas de Casa*. Lisboa, 2ª quinzena de junho de 1976, pp. 70-72). As restantes 43 peças permaneceram inéditas até dezembro de 2008, quando, então, sob a chancela da Câmara Municipal de Matosinhos e da Quasi Edições, foram elas publicadas (por meio da fixação de texto, organização, apresentação e notas da minha lavra, prefácio de Inês Pedrosa) com o título de *Florbela Espanca. Perdidamente. Correspondência Amorosa (1920-1925)*.
Para que o leitor conheça todo o contexto onde o fluxo desta correspondência transcorre, publico aqui também o seu entorno: as restantes cartas conhecidas trocadas por Florbela durante este período que se processa em cerca de cinco anos e meio, comprimido entre mais ou menos 4 de março de 1920 e 17 de setembro de 1925. O tempo registrado por esta epistolografia consistia, até então, num obscuro episódio da biografia da Poetisa e, quando não, num vazio repleto de especulações que se mostraram, à luz destas cartas, desencontradas e equivocadas, como o leitor terá oportunidade de constatar.

atração física, o sexo. E não é à toa que o último terceto de *O nosso mundo*, soneto dedicado, a 2 de junho de 1920, *Ao meu homem querido* — declare, numa apaixonada efusão quase insolente:

> *Que importa o mundo e as ilusões defuntas?...*
> *Que importa o mundo e seus orgulhos vãos?...*
> *O mundo, Amor?... As nossas bocas juntas!...*

Adianto que o teor da paixão que une Florbela e Guimarães conservará sempre a mesma alta temperatura, tanto na aparente "frieza" dos últimos tempos, quanto nos choques que distanciarão o casal, o que inclui, para além da intempestiva saída de cena de Florbela, o feitiço de amor que um poema seu descarrega sobre Guimarães, e que o atinge por inteiro (e pela vida afora!) com seus sortilégios.

O fato é que esta epistolografia revela-nos toda uma zona temporal até então obscura e desconhecida pelos estudiosos da Poetisa. E a tomada de contato com esse território esbatido acaba por nos descerrar uma Florbela imprevista. Aliás, não apenas uma — mas diversas e várias:

- uma introvertida Penélope fiandeira que borda uma interminável toalha de mesa à espera do amado que se arrisca em perigosas plagas;
- uma Florbela estrategista e diplomata, capaz de argumentar com destreza as suas mais privadas motivações, movimentando-se a contento no seio da família complicadíssima que é a sua;
- uma desconhecida Florbela grávida, em desespero e quase indigente pela ausência de Guimarães, dubiamente amarga e irônica com ele e com o filho que carrega no ventre;
- uma Florbela com um senso de humor notável, tirando graça das pedras;

- uma Florbela destemida, desafiadora, a ponto de ir assistir (na calada da noite, e numa zona da Baixa lisboeta absolutamente impraticável) às escaramuças de rua que põem abaixo um Ministério da República;

- uma Florbela à flor da pele e passível da somatização que a maltrata, e que muitas vezes a deixa à deriva da vida;

- uma outra e incrível Florbela da capoeira, em cuidados pelo seu criatório de galinhas e de coelhos porque (quem sabe?) pode ter, por este, um pequeno respiro econômico.

E, finalmente, uma Florbela espantosa e quase inverossímil: aquela que hospeda em sua casa o filho do futuro Presidente do Ministério!

E todas elas se enfeixam nessa única mulher, saudosa do corpo do amante e que, sem constrangimentos, lhe confessa o desejo, ao mesmo tempo voluptuosa e marota.

Transcorrida durante o período de completa turbulência política e social da Primeira República Portuguesa, de março de 1920 a setembro de 1925, esta correspondência comprova que Florbela nunca foi uma alienada política, ao contrário do que sempre se veiculou. E também, contradizendo o que seus afeiçoados advogaram diante dos ataques salazaristas à imagem dela[2] — Florbela jamais teve alguma simpatia pelo Estado Novo.

Assim, esta epistolografia ilumina para nós uma Florbela inesperada — atenta à vida pública, e muito bem informada — não pelo amante, que, como alferes da Guarda Nacional

---

[2] Um de tais argumentos partiu de José Emídio Amaro ("Florbela Espanca e o Estado Novo". *Notícias do Alentejo*. Vila Viçosa, 13/09/1936). No auge da desinteligência com os inimigos de Florbela, que invocavam a evidência de que seus versos *ofendem os princípios do Estado Novo, em flagrante oposição* a seus *princípios basilares,* Amaro acaba por defender, como último recurso, que ela teria sido antes (sic) a *precursora* do Estado Novo, visto que ela *causticava, com a sua ironia profunda, a comédia vergonhosa dos partidos antes da gloriosa Revolução Nacional...*
A propósito das aproximações entre a vida amorosa de Florbela e a vida política portuguesa da altura, convido o leitor a conhecer o meu texto "Florbela: a república das letras e do amor", publicado em *Literatura Portuguesa e a construção do passado e do futuro* (coord. Helena Buescu e Teresa Cristina Cerdeira). Lisboa: Caleidoscópio, 2011, pp. 183-199.

Republicana, atua nas constantes *prevenções* e a poupa de inúteis angústias — mas sim pelos contatos que parece ter herdado do pai republicano em Lisboa.

Ela e Guimarães têm 25 anos quando se conhecem. Florbela se encontra, ainda, formalmente casada com Alberto Moutinho, muito embora separada dele desde o seu retorno à capital, em junho de 1918. De maneira que ao longo destas cartas conheceremos tanto os trâmites para que o divórcio entre ambos seja concretizado em 30 de abril de 1921, em Évora — quanto as providências para que o casamento com Guimarães venha a ocorrer a 29 de junho de 1921, no Porto.

Florbela vive, então, em Lisboa, em casa de gente muito próxima a João Maria Espanca, residência que se localiza na Rua Ferreira da Lapa, quase esquina com a Conde de Redondo, nas imediações da Praça Marquês de Pombal. Este local, como o atesta a correspondência, é constantemente visitado por figuras que seguem de muito perto a vida pública portuguesa, a ponto de conhecerem, até por antecipação, os destinos mutáveis do jogo político cotidiano. De maneira que a façanha de Florbela ter ido, acompanhada apenas da amiga Margarida Campos Belo, às 10 da noite, à Baixa, zona interdita e foco de tensões políticas, *só pelo prazer de ver tudo às escuras e de sondar a situação* — é inspirada pela pista de um deputado, que previra, naquela noite em sua casa, a queda do governo de Domingos Pereira para o dia seguinte, 8 de março de 1920. A severa admoestação de Guimarães pela insana incursão de Florbela faz muito sentido, haja visto que, como nos informa Rui Ramos,[3] a Baixa havia se convertido, entre 1919 e 1921, numa verdadeira *"selva"*, *reino dos rufias políticos* de então, área repleta de arruaceiros e criminosos.

Mas Florbela não se rende ao sensato Guimarães que, desde esta altura, já a julga ter demasiada *areia* na cabeça. E ela se justifica, esclarecendo que fez *essa exploração* **perigosíssima** *pela Avenida com toda a luz apagada e com*

---

[3] RAMOS, Rui. *A segunda fundação (1890-1926)*. *História de Portugal*, v. VI. José Mattoso (dir.). Lisboa: Editorial Estampa, 2001, p. 531.

os mil horrores duma noite de projetada revolução apenas para *experimentar* as suas faculdades de... *repórter*, que (como salienta) *será o meu ofício e para o qual tenho imensa habilidade...*

É sempre dessa maneira irônica e brincalhona que ela se desvencilha dos puxões de orelha do amante. Aliás, é de se sublinhar, e como traço de personalidade, o bom humor de Florbela, bem na contramão da tônica nostálgica dos seus escritos. Ela sempre cria fantásticos expedientes para retirar das cenas desagradáveis uma *boutade* inteligente, um traço vívido de graça, um rompante surpreendente.

Vou narrar aqui alguns casos em que esse comportamento transparece com extrema naturalidade.

Imagine-se que, no princípio do namoro, o casal não consegue achar meios de se encontrar. Como a relação ainda é muito sigilosa, eles não podem se falar diante de conhecidos e muito menos saírem sozinhos. Assim, eles apenas se veem — na verdade, se olham de longe! — depois que, advertida Florbela por um bilhete de Guimarães, a ela entregue pelo ordenança, o amante passa diante da sua morada... onde ela o aguarda postada à janela. Impedidos de se falarem, eles apenas se olham longa e distanciadamente: este o exercício diário.

No entanto, numa data em que, por alguma razão, Florbela teme que os da casa surpreendam a Guimarães nessa penitência, ela lhe endereça um bilhete nos seguintes termos:

> *Quando por aqui passares não pares nunca. Depois te direi porquê. Passa a pé ou a cavalo, de trem, de automóvel ou de aeroplano, mas vê-me de longe sempre.*

Ocorre que esta precária maneira de se contemplarem acabará ganhando outro rumo não menos temerário. Florbela avisa Guimarães, pelo mesmo impedido e sempre por um bilhete, que vai estar a tal hora na esquina da rua tal com tal, para pegar o elétrico em direção a uma precisa região de Lisboa — que é sempre (adivinhem!) a mais longínqua. E a combinação é a seguinte: Guimarães toma, numa paragem adiante, o mesmo elétrico; encontram-se, como se fruto da maior casualidade, sentam-se juntos, e percorrem ambos toda a cidade até o final da linha, retornando e retornando várias vezes, a depender da ansiedade e da carência amorosa em que se acham. Só que os amantes não têm a mínima tranquilidade no trajeto! Permanecem sobressaltados, na iminência de toparem com alguém conhecido que se adentre no elétrico, ou seja, no espaço — afinal público! — da intimidade deles. Florbela que, a partir de um momento, começa a ficar apoquentada com esse *semelhante processo*, como o denomina, acha que essa tortura vai acabar por lhes causar *alguma lesão no coração*. E reclama: afinal, eles não são *bandidos* para estarem assim a serem perseguidos *por um qualquer Sherlock Holmes...*

Acontece que, sem outro recurso, o casal tem de se manter freguês do elétrico, convertendo-se em assíduos frequentadores da linha do Lumiar, do Benfica ou do Dafundo. Florbela, que não desgosta dessas morosas e longas viagens, comenta-as neste tom com Guimarães:

> *Então, Vossa Mercê digna-se mostrar satisfeito do passeio à Conchinchina? Eu estou fatigadíssima, e nem as extravagantes e complicadíssimas viagens de Júlio Verne, nem mesmo a da lua ou a das cinco semanas em balão, me poriam mais estafada e me dariam maior vontade de criar raízes num qualquer sítio. Parece-me que me curei da minha paixão pelo eterno movimento, e que estou uma menina pacata e bem educada, pelo menos por três dias; achas pouco?...*

Outro foco de distensão na epistolografia se deve às raras qualidades artísticas de Guimarães, nem um pouco dado a leituras e a literaturas. De uma feita, ele pede à Florbela que lhe escreva um soneto em que conste um *trevo de quatro folhas*

António Guimarães

e *um luar à meia-noite* — ao que ela, implacável, ironiza com uma pontinha de sarcasmo. Em outro momento, ele lhe escreve para Évora, narrando o enredo de uma peça a que assistira. Mas, pelos vistos, o estilo de Guimarães é prolixo e embaraçado, e Florbela não perdoa, muito embora seja sempre condescendente para com ele. E ela então responde a António Guimarães:

> *Não admira que achasses a peça que viste magnífica; eu não estava lá... Perdoa esta maldade de brincadeira, meu querido preto. Mas tens pouco jeito para expor entrechos de peças, meu amor!... Fizeste uma tal confusão de duques que não consegui perceber nada. Afinal qual foi o raio do duque que morreu, quem é que ficou moribundo, quem é que disse: Minha mãe?... Mas que trapalhada... ducal!*

Por outro lado, as cartas também expõem outros períodos atravessados por Florbela, negros e sem remissão, em que ela se torna mesmo soturna. E isso mercê da impotência diante da realidade ou da sensação de injustiça — sempre ocasionadas pela sua situação de mulher independente. Segundo ela, ninguém suporta a superioridade do seu espírito, a sua dignidade de mulher, o seu *santo orgulho*, e a atacam porque julgam-na indefesa e desvalida.

A sua estranha singularidade causa inveja e já a expusera, na inauguração desta epistolografia, a uma *medonha infâmia*. E o mal-estar e a insatisfação acabam se revertendo em dores de cabeça, em inapetência, em emagrecimento, em excitações febris que a prendem à cama ou que a levam a praticar doidices. Não é difícil acompanhar, por meio destas cartas, como funciona o seu processo de psicossomatização.

Na altura em que conhece Guimarães, Florbela ainda frequenta, para abandonar em seguida, a Faculdade de Direito da Universidade de Lisboa, onde, segundo José Gomes Ferreira, ela — sempre muito elegante, atraente, inteligente e culta — chegara a ser tratada com extrema rudeza pelos colegas.[4] E isso, um pouco antes de conhecer

---

[4] José Gomes Ferreira foi contemporâneo de Florbela na Faculdade de Direito. Em "Encontro com Florbela" (*A memória das palavras ou O gosto de falar de mim*. Lisboa, Portugália Editora, 1966, pp. 233-240), ele sugere que o excessivo desdém de Florbela por tudo e por todos, o seu desprezo e sua altivez — eram,

Guimarães, aquando da estreia do *Livro de mágoas*, pois que o parecer machista de certos bacharéis chegou a considerá-lo um *livro licoroso para homens*, escrito por um *António Nobre de saias*.[5] Essa atitude hostil foi, entretanto, útil para decantar as amizades, e Florbela há de conservar, desse núcleo estudantil, amigos ou admiradores fervorosos e permanentes, como o próprio José Gomes Ferreira, Américo Durão, João Botto de Carvalho, José Schmidt Rau, Vasco Camélier, Chianca de Garcia, Norberto Lopes e até o pernóstico Augusto d'Ésaguy que, muito embora cursando Medicina, não se ausentava do pátio onde se reuniam os contemporâneos de Direito.

E é por esse tempo que a Poetisa se aplica na fatura de um novo volume de poemas, que vai nascer do apuramento de dois projetos em que trabalha pelo menos desde que conhece Guimarães: o manuscrito que começa com o poema *Livro do nosso amor*, que, transformando-se em *Claustro das quimeras*, vai por fim desembocar nos sonetos que vão compor o futuro *Livro de Sóror Saudade*, a ser lançado pela Tipografia A Americana de Lisboa, em janeiro de 1923 — e que consistirá no derradeiro volume de versos editado em vida por Florbela.

Os ecos quanto aos preparativos desse volume, a encomendada aquarela do irmão Apeles para a capa dos versos, bem como o acolhimento crítico ao livro — perpassam esta correspondência. Muitos dos originais dos poemas a pontuam, ora dedicados a Guimarães, ora comentados para ele, ora em manuscritos assinados e a ele enviados com notação de lugar. Haverá mesmo o esboço de um deles que, muito embora concernente ao desabar da vida da Poetisa com aquele que já

---

na verdade, a tática psicológica que engendrara para se defender e enfrentar a incompreensão que a rodeava. Florbela demonstrava, segundo ele, *um desdém de atirar tempestades para o céu! Um desdém que mais tarde extravasou para os sonetos, inundou a terra, gelou o sol, estrangulou a lua... Um desdém de acabar o mundo!*

[5] Segundo o *Anuário da Universidade de Lisboa* (Lisboa, Imprensa Nacional, 1920), entre 1917 e 1918 havia, na Faculdade de Direito da Universidade de Lisboa, um total de 313 estudantes, dos quais apenas 7 (sete) eram do sexo feminino.

se tornara o seu segundo marido, só comparecerá editado em janeiro de 1931, no póstumo *Charneca em flor*.

Outro aspecto que as cártas testemunham da vida de Florbela é a sua peregrinação sem fim. Ao longo destas peças, ela desfila de déu em déu, como uma desterrada. Arrisco cogitar que os sentimentos que subjazem a tal desesperante experiência de ausência de chão, de perda do lar — são os mesmos que animam os patéticos versos que ela dirigirá, mais tarde, à Vila Viçosa, sua terra natal:

> *Truz... truz... truz... — Eu não tenho onde me acoite/ (...) Terra, (...) dá-me pousada!...* (p. 251).[6]

Este soneto de *Charneca em flor*, por ela denominado inicialmente de *Minha terra*, teve, entretanto, seu título alterado, e de maneira arbitrária, por Guido Batelli, que lhe impôs, por conta e risco das apropriações que efetua sobre a obra dela, o nome de *Pobre de Cristo* que, em nada confere com as convicções da nossa Poetisa, cujo orgulho, aliás, jamais admitiria como seu o semelhante estado de penúria que esse último título lhe confere.

O deambular de Florbela começa por Lisboa — incluindo provavelmente uma passagem por Vigo (muito embora os biógrafos acreditem que a Poetisa jamais tenha atravessado as fronteiras de Portugal); depois por Sintra, de novo por Lisboa; depois pelo Porto — por Matosinhos e, em seguida, pelo Castelo da Foz; depois por Évora; depois, de retorno ao Castelo da Foz; de novo por Évora, com passagem por Vila Viçosa; depois por Lisboa, pela Amadora, e novamente por Lisboa; e ainda depois, por Gonça e por Lisboa.

Tais deslocamentos exibem em carne viva uma instabilidade doméstica, uma precariedade de moradias, sempre alugadas e de passagem, uma sensação de desterritorialização. Florbela clama o tempo todo pela sua casa, pelo seu lar,

---

[6] Utilizo os sonetos a seguir, citando as respectivas páginas, segundo a edição por mim preparada: *Poemas de Florbela Espanca*. São Paulo: Martins Fontes, 1994.

que parece jamais se enraizar, como se situado, a cada vez, mais longe do lugar onde ela se acha. Creio que o soneto *A nossa casa* de *Charneca em flor*, desenvolvendo igual tópica, ecoa nos seus quartetos um tanto dessa mesma vivência por jornadas desencontradas, quando pergunta:

> *A nossa casa, Amor, a nossa casa!*
> *Onde está ela, Amor, que não a vejo? (...)*

Ou então:

> *Onde está ela, Amor, a nossa casa,*
> *O bem que neste mundo mais invejo?* (p. 224)

Ao mesmo tempo, esse andarilhar, que parece metaforizar uma diáspora interna, também expõe um ir e vir familiar, da sua para a casa do pai, e, já ao final do relacionamento, da sua casa para o teto da cunhada, em fuga para Gonça, ocasião em que Florbela vai esconder, na província, as suas dores. É no campo que ela, por ordem médica, vai *pastar*, como explica, e *ler ao natural* Júlio Dinis.

Ora, o incessante trânsito, a permanente falta de chão — mas é graças a isso que a correspondência existe! — se explica, de um lado, pela própria profissão de Guimarães, que os torna — a ele e a ela — reféns dos quartéis e da agitação política republicana. Guimarães está obrigado a permanecer em prontidão, a fim de atuar à primeira ordem, e isso num momento histórico em que Portugal troca de Ministério num ritmo avassalador. Para se ter ideia, entre 1920 e 1921, tombam 14 Ministérios, numa média de 2 por mês! E Guimarães é transferido, do Quartel de Alcântara em Lisboa, para o Quartel do Carmo, deste, para o Quartel de Campolide, deste para o Porto, para o Quartel do Castelo da Foz, e deste, para Lisboa, para o Ministério do Exército. De maneira que como suas transferências ocorrem estratégica e inopinadamente, Florbela está sempre na rabeira, retardatária, esperando que ele, de onde estiver, lhe consiga *um buraco, por modesto que seja. Palácio ou tenda na praia*, ou então, como escreverá, *uma casinha seja onde for... ou na casa do diabo.*

Os sobressaltos da Poetisa com o amante, que ela chama acertadamente de *pobre preso sem culpas*, os cuidados com a integridade física dele, e, da parte dela, o contínuo exercício de solidão e de desamparo, que lhe transmitem uma sensação claustrofóbica de emparedada — parecem encenar o próprio diário da periclitância dos Gabinetes Republicanos. Enquanto Lisboa vive uma espécie de ocupação militar graças à corporação que Guimarães representa, a vida íntima e amorosa de Florbela, também sitiada, cumpre uma espécie de eco — próprio, emocional, privado — da situação política republicana. E o único proveito que a Poetisa parece tirar dessa realidade inóspita é apenas... um proveito estilístico!

Florbela reclama que Guimarães a deixa muito só, *entregue a mim própria e a todo um exército de diabos negros que fizeram quartel-general na minha pobre cabeça.* Em outra situação, acerca das ameaças políticas diárias, ela narra que o deputado *me pregou um bom susto com todo o arsenal revolucionário que nos impingiu. Eu devia estar já blindada contra os sustos* — e daí por adiante.

O desencanto com a República tão sonhada pelo pai, e que, malgrado tudo, lhe disputa o amante, a faz destilar fel contra o seu país e a apodar a sua Pátria de fortes nomes... de maneira que, num crescendo, Portugal vai se convertendo, de uma *Rússia em miniatura (...) perigosamente ridícula,* em *Rilhafoles,* em *nosso desgraçado país,* em uma *grande piolheira, cada vez com mais caspa e mais piolhos,* em uma *zaragata constante* com *bomba para um lado, bomba para outro, bomba por todos os lados* e, enfim — em uma *banalidade trágica...* Em carta a Apeles, que se encontra distante de Portugal, Florbela dirá que *Portugal só pode gramar-se assim: longe dele, nas saudades.*

E é em Apeles que reside a única alegria de Florbela nesse tempo de amarguras diante dos destinos da sua Pátria. Ele tornara-se piloto (e depois Primeiro-Tenente) da Força Aérea da Marinha Portuguesa, e participa, durante o ano de 1922, de uma relevante façanha nacional: a da Travessia do Atlântico Sul, empreendida por Gago Coutinho e Sacadura Cabral. Apeles parece encarnar o que Florbela almejara sempre para a nova geração republicana — e afirmo isso com os olhos fitos no seu projeto literário *Alma de Portugal*, produzido em 1916, quando, então, representando a ala mais progressiva da nascente República Portuguesa, a Poetisa criara os poemas para o livro que seria uma *homenagem humilíssima à pátria que estremeço*.

No volume póstumo *As máscaras do destino* (1931), obra dedicada a seu irmão, e sobretudo nos contos *O inventor* e *O aviador* — Apeles representa o herói pujante e ousado, movido pela necessidade de ultrapassagem, de questionamento dos limites, de experimentação do limiar pessoal. Sua atuação no cruzador *Carvalho Araújo* levara-o, de início, ao Congo Belga, e, em seguida, a Luanda e a Argel, tendo participado do transporte do avião *Fairey Santa Cruz*, utilizado para a Travessia, de 30 de março a 17 de junho de 1922.

No Brasil, ainda em missão, Apeles esteve na ilha de Fernando de Noronha, em Vitória e no Rio de Janeiro, e Florbela não perde um lance dessa aventura, acompanhando-a entusiasticamente pelos cartões que ele lhe envia, pelas notícias dos jornais e pelas reportagens a que assiste nos cinemas. O entusiasmo de Florbela pelo irmão na construção dessa (então esporádica) glória nacional transparece nas suas eufóricas declarações epistolares e na coleção de recortes que conservou nos seus guardados.

Materialmente, a epistolografia atesta a utilização, da parte de Florbela, de todos os espaços disponíveis do papel de carta, por mais ínfimos que sejam. Ela tem extrema necessidade de conversar com o amante, sobretudo no início do namoro, quando os encontros são fortuitos e o tempo é exíguo. Mas depois, em Évora, em casa do pai, quando já vivem juntos no Castelo da Foz, a folha que lhe endereça fica por inteira

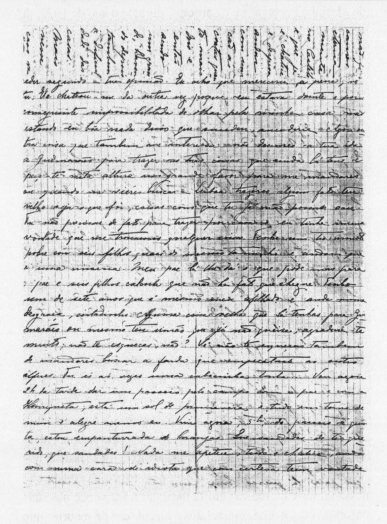

coberta por sua letra que se derrama por cada minúsculo canto do papel, a ponto de torná-lo quase um palimpsesto. E isso não é apenas porque Florbela anda sem fundos e provavelmente não pode se dar ao luxo de comprar uma reserva de papéis de carta, mas porque se encontra muito solitária, e tem ganas de se comunicar com o amante ou, quem sabe, de escrever para se ler, para dar voz àquilo que a constrange e a maltrata, ou que a exalta e a entusiasma.

Aliás, durante todo o relacionamento, ela está, como se queixa, *pelintra*, sem dinheiro para o mais banal, sobretudo na véspera da partida de Lisboa para o Porto, quando Guimarães segue na frente e ela está grávida e passando mal. Florbela reclama que não tem mais carvão, que empenhou os brincos, que deve pagar o médico, que não tem dinheiro para as cautelas, que o impedido desapareceu, que não quer valer--se dos préstimos da Senhoria, e até mesmo, numa *boutade* meio capenga, que... *o tanso no nosso filho continua a fazer vomitar a mãe que está fartíssima de o aturar.*

Aliás, repare-se, Florbela nunca escreve meias palavras: a sua sinceridade com Guimarães é comovente, e transcende qualquer bom senso ou etiqueta — esta a qualidade de que muito se orgulha: Florbela detesta a mentira e se ufana de jamais ser falsa.

Como constato, a falta de recursos é permanente na sua vida de então. A dificuldade em não poder se manter parece interferir no bem estar e na sua autonomia de espírito – muito embora nada disso impeça o instintivo do seu comportamento e a pronta reação nos momentos de pico, quando demonstra a inquebrantável força do seu caráter, o seu *terrível desdém* de *acabar com o mundo*, e um certo estoicismo — o que a meu ver pode traduzir, como ato heroico, o seu futuro suicídio.

Aliás, cabe aqui, e a propósito, acrescentar um testemunho de Aurora Jardim, fornecido a mim numa entrevista de 1984. Convidada por Florbela a visitar, nos últimos meses de sua vida, o escritório que mantinha na mansarda da casa em que vivia com Mário Lage em Matosinhos, Aurora vê a Poetisa abrir uma gaveta, retirar dela um frasco de veronal, e, dirigindo-se à jornalista com o frasco na mão, enfatizar: *eis como hei de morrer.*

Creio que o caráter independente de Florbela e a nenhuma disposição ou paciência para justificar suas atitudes e decisões (como também se nota através destas cartas) devem tê-la vocacionado a uma espécie de permanente foco passivo do juízo alheio, o que permitiu aos outros o à vontade com que legislam sobre o seu comportamento e com que abusam da sua boa-fé — aliás, um dos motivos de que ela se queixa aqui. E é curioso como tal reação a sua autenticidade é considerável e muito palpável após a sua morte — o que nos ajuda a entender as razões que vão desembocar nos destratos por que ela passou e, sobretudo, nas apropriações que sua obra e biografia sofreram postumamente. E isso sem se levar em conta o absurdo dos absurdos: a apropriação do seu próprio corpo — fato que quero partilhar com os leitores.

Depois da sua morte, durante a polêmica em torno dela, difamada pelo salazarismo como uma "mulher inconstitucional", Florbela Espanca vai ser acusada de muitas faltas desavindas. E isso, de maneira quase assídua até pelo menos 1964, quando, então, seus restos mortais obterão por fim a protelada licença da Igreja e do Estado para serem transladados do Porto ao Alentejo.

Se é arrepiante de emoção o capítulo que evoco a seguir, também o é, por outro lado, pleno de horror.

Pois bem. Uma carreata é organizada a 17 de maio de 1964 para acompanhar o tão postergado préstito fúnebre de Florbela, que parte de Matosinhos, cidade onde morreu, em direção à Vila Viçosa, terra onde nasceu a Poetisa que, somente nessa altura — 34 anos depois da sua morte — começa a colher seus primeiros louros. A homenagem de então ocorre a cada parada da comitiva e notadamente em Coimbra, onde os universitários de capa preta se rendem publicamente aos pés de Florbela com poemas e discursos de desagravo.

Entretanto, no dia anterior, segundo proclama o *Auto de Notícia de Exumação dos Restos Mortais de Florbela Espanca*, fatos estranhos ocorreram no cemitério de Matosinhos. Depois de piedosamente *lavada a ossada, o cabelo, um pedaço do vestido, dos sapatos* da Poetisa — algumas pessoas obtiveram, do seu derradeiro marido, o Doutor Mário Pereira Lage, uma licença deveras especial e bizarra. A de retirarem, como se afirma no dito documento, *dentre os despojos umas*

pequeninas relíquias[7] *que todos declararam conservariam como se sagradas fossem.*

Ora, são algumas dessas tais *relíquias sagradas* que, de *pequeninas* não têm nada e de gesto misericordioso menos ainda, as que sem pejo serão estampadas, 31 anos depois, em 1985, na luxuosa *Fotobiografia de Florbela Espanca*, publicada pelo empresário português Rui Guedes. As peças, que são partes do **corpo** de Florbela, se encontram, ali expostas, já numa verdadeira *lição de anatomia*. Porque é possível ver, à página 254, a fotografia da *metade esquerda do maxilar inferior* de Florbela e de chumaços dos seus cabelos: esses os *souvenirs* conhecidos e trazidos a público. E quanto aos outros fragmentos do seu corpo?!

Estarreçam-se, pois, os leitores e não se esqueçam de que, a cada vez que mirarem o aprazível rosto de Florbela Espanca nos inúmeros retratos que dela conhecemos — pelo menos aquele maxilar esquerdo e alguns chumaços daqueles cabelos se acham destacados, desirmanados dos restos mortais da Poetisa! Ou seja: apenas uns tantos fragmentos do corpo de Florbela se encontram em seu túmulo — o restante continua disperso!

Numa febre de apropriações indevidas e muitas vezes vis por que passou tanto a obra quanto a própria pessoa da Poetisa, sequer seus restos mortais descansam hoje em paz. Sequestrados de sua inteireza, distribuídos como *lembrancinhas* ao deus-dará — sabe-se apenas que parte delas foi entregue ao acervo do Grupo Amigos de Vila Viçosa, que a conserva — seus despojos alimentam, no caso da *Fotobiografia*, a especulação e o marketing para a vendagem dos novos produtos — os oito volumes das *Obras completas* da Poetisa, editados pelo mesmo empresário português.

Mas antes de relatar esta história sinistra, eu me referia então à dificuldade da Poetisa em se sustentar.

Já no início da sua relação com Guimarães, Florbela se

[7] O grifo é meu.

encontra praticamente falida. Nas cartas de Alberto Moutinho para ela e para o pai Espanca, ficamos a saber que o montante que lhe era devido na separação fora usado por Moutinho, e sem consulta prévia, num negócio que, literalmente, naufragou. Moutinho se justifica mas apenas *a posteriori*, em 16 de julho de 1920, ao pai Espanca, afirmando que depois da separação fora

> *a Évora vender algumas coisas que foram da nossa casa (...) para tentar negócio e pagar um compromisso que tinha tomado e a que não podia faltar. Tentei a fortuna, tive sorte e ganhei algum dinheiro, que empregava logo de maneira que quando a sua filha completou a idade legal para o divórcio de comum acordo eu tinha já perto de dez contos, a maior parte do qual em sardinha estivada (....). Era chegado o momento oportuno do divórcio, mas apareceu-me ocasião de duplicar o meu dinheiro e eu empreguei-o todo. Mas o azar que não me tinha esquecido lembrou-se de mim naquela noite de eclipse da lua, e o mar que me tinha dado todo o dinheiro afundou-me o barco onde tinha a minha pequena fortuna e matou-me três homens. Fiquei sem vintém.*

E Florbela que, para tal não fora nem tida ou havida, perdera com Moutinho tudo quanto possuía até aquele momento. De maneira que é possível que se deva a tais dificuldades econômicas de então a existência de uma Florbela que só conhecemos ao lado de Guimarães, e no Porto: a Florbela da capoeira.

A Poetisa se empenha num criatório de galinhas e de coelhos, e se apega muito a seus bichinhos que, afinal, parecem lhe favorecer uma pequena renda — e as contas de ovos e de venda de galinhas invadem os seus versos. É, pois, entre *galos* e *frangos*, entre a galinha *pelada*, a *mercearia*, os *sapatos António*, as despesas com a *água*, com *extraordinários* e as preocupações com a mesada *até o fim do mês* — que os sonetos desta época compareçam.

E de Évora, onde se encontra em janeiro de 1921, ela pede notícias das criações, identificando as galinhas, uma a uma, dando instruções sobre esta ou aquela, sobre como agasalhá-las, etc, etc. E reclama, contrariada, estar

> *muito escamada com a morte da minha galinha que tão boa era; não as deixem ficar sem ser nos poleiros por que é muito frio o chão e vê bem como as põem nos poleiros porque se as deixam cair com os papos cheios podem morrer rebentadas. Eu faço lá muito falta! Até às galinhas! Vê bem, meu amor querido, não deixem morrer mais pintainhos que já morreram bastantes. A Maria que tenha cuidado com isso porque agora não tem muito que fazer.*

Ainda em Évora, Florbela reavalia os pertences que deixara na casa do pai, sobretudo os livros que já vai enviando para o Castelo da Foz, além de outros bens que devem, aparentemente, perfazer o seu dote de casamento — como se as cifras medissem, para a percepção do marido, o afeto e as atenções do pai para com ela. E a Poetisa revê amigas, faz a crônica da cidade e submete ao crivo de António uma proposta do pai acerca da Mãe Mariana — arranjo que ela admite cogitar, em última instância, apenas porque pode auxiliá-los monetariamente.

É que o pai a encarregara de propor a Mariana (de quem está separado há 16 anos) o divórcio: daria à Florbela um montante de dez mil escudos para que levasse a mãe adotiva e madrinha para a sua casa, a fim de socorrê-la, visto que Mariana está diabética e tem um cancro.

Se essa proposta nos deixa desapontados (e até mesmo perplexos) diante da forma descarnada e pouco caritativa empunhada por Florbela ao discorrer sobre esse *negócio* com Guimarães, ao mesmo tempo e na mesma carta, ficamos tocados com a sua diligência para com a família do Tio (sobretudo com seu primo e afilhado Túlio Espanca, por quem nutre uma grande afeição), para a qual ela solicita insistentemente a ajuda do marido. De maneira que a nossa Poetisa sempre desarma por inteiro o seu leitor.

E já agora eu queria tocar aqui, a propósito dessa dificuldade econômica, num outro fato novo e intrigante na vida de Florbela Espanca — um episódio completamente imprevisível, que aponta para relações políticas de alto poder.

No Porto, é em Matosinhos que ela e Guimarães moram de início, até que ele obtenha ordem para casar-se com ela e para mudarem-se para o quartel no Palácio da Foz.

Nessa primeira casa, na Rua do Godinho, o casal, que assume publicamente o seu relacionamento então, hospeda, antes de agosto de 1920, ao rapaz Luiz — filho de Maria Augusta Supico Ribeiro Pinto e de Liberato Damião Ribeiro Pinto. Ou seja: Florbela e Guimarães hospedam nada mais nada menos que o filho daquele que era o Chefe do Estado Maior da Guarda Nacional Republicana (força política e militar que na altura sobrepujava a do Exército Português), e que vai se tornar, em seguida, em 29 de novembro de 1920 (até 2 de março de 1921), o Presidente do Conselho dos Ministros do 24º Governo da República Portuguesa.

Há mesmo uma carta da senhora Maria Augusta agradecendo as atenções dispensadas, por Florbela, a seu filho que, mais tarde, tornar-se-á Ministro da Economia do Estado Novo. A esposa deste, a Senhora Cecília será, por sinal, a fundadora do Movimento Nacional Feminino.

Uma Florbela das prendas domésticas também faz espécie. Tanto no início da primeira fase destas cartas, quando os amantes passam a lua de mel em Sintra, quanto na última temporada em casa do pai, em julho de 1921, a Poetisa se aplica em bordar uma toalha de mesa. Da primeira vez, em tempo de espera, Florbela, tecendo com a agulha o linho dos seus devaneios, imagina quão grande será o prazer

> *de ver o meu desastrado homem amarrotá-la e enchê-la de chá ou de cinza de cigarro, para que me esqueçam estas dores nos rins que ela me tem feito, desde o Bristol de bem amada mesmice...*

Reluto em supor que esta toalha seja a mesma que, em dia infeliz e num golpe teatral de malvado estrião, Guimarães tenha puxado, fazendo descambar tudo para o chão: a refeição, os talheres, a louça — e mais a vida de ambos!

Segundo os comentários que colhi nas minhas entrevistas ainda na década de oitenta, a razão por que Florbela abandona num átimo, e sem pestanejar, o marido e a casa — possui, no seu enredo, uma cena desastrada e grosseira que inclui uma linda toalha de mesa.

Consta que numa noite, em final de 1923, Florbela, a pedido do marido, preparara ovos escalfados para o jantar. No entanto, assim que Guimarães os prova, já certamente agastado com sua mulher e até (quem sabe?) por explícitos motivos culinários — ele, alterado, arranca, num só golpe, a toalha, fazendo deslizar juntamente com ela todo o seu conteúdo.

Os rumores asseguram que Florbela, então, se levanta da cadeira, donde apreciara fleumaticamente a mesa desfeita e a rudeza do marido e, muito dona de si, respira num profundo hausto o ar que encontra. E se dirige, na maior calma deste mundo, à chapeleira que fica no *hall* da entrada. Dela recolhe, no mesmo ritmo moroso — que é como quem quer ter certeza de que nunca há de se arrepender daquele ato! — o casaco, o guarda-chuva, o chapéu e a bolsa (não sei se exatamente nesta ordem), e, vestida apenas com a roupa do corpo, deixa a casa e Guimarães — para sempre!

Florbela jamais retornaria à casa de ambos para buscar fosse o que fosse. E olhem que lá deixara todos os seus pertences — realmente, tudo o que possuía até então, bens materiais, sentimentais e literários — inclusive as mais caras lembranças: os recortes, as críticas, as coleções de fotos, as correspondências, enfim, os manuscritos e os cadernos e os projetos — tudo quanto havia escrito até então desde o seu primeiro autógrafo *com oito anos de idade*. Ficou para sempre na posse de António Guimarães tudo quanto lhe pertencia então e que consistia na sua própria história pessoal e na sua produção literária.

Apenas por meio desse espólio, descoberto e vendido em 1984 para o Estado Português (portanto, após a morte de Guimarães), é que vieram à luz os seus primeiros contos, os seus projetos literários anteriores à inaugural publicação dos poemas em 1919 — o projeto *Trocando olhares*; o *Alma de Portugal*; *O Livro d'Ele*; o *Minha terra, meu amor*; a antologia *Primeiros versos* — contidos em seus manuscritos *Trocando olhares* e *Primeiros passos*,[8] bem como os já referidos dois manuscritos — *Livro do nosso amor* e *Claustro das quimeras* — que perfizeram o *Livro de Sóror Saudade*, cujas provas tipográficas, corrigidas por Florbela, também só se tornam conhecidas a partir de então.

Na altura em que Florbela deixa Guimarães, em dezembro de 1923, ele, que ascendera gradativamente a uma hierarquia de alcunhas, consoante a disposição amorosa de sua mulher — já se encontra rebaixado a um nome, aliás extremamente expressivo da sua presente condição de desarvorado. E é assim que, de António, Guimarães migrara para Tónio, para Urso, Fochichinho, Toninho, Urso Pardo, Preto, Fúfio, Tóino, Urso Branco, Pequerrucho, Tony, descendo irremissivelmente para um depreciativo e impessoal "Bicho Mau" — que é como Florbela o designa, contrafeita, à Henriqueta, desde... abril de 1922.

Mas antes de mudarem-se para essa casa alugada na Rua Josefa d'Óbidos, em Lisboa, lugar onde a deplorável cena haveria de se passar, António e Florbela vivem, pelo menos desde o Carnaval de 1922, numa quinta da Amadora cedida pelo sogro de Manuel. Manuel é o irmão de Guimarães e o cunhado preferido de Florbela.

---

[8] Em 1994, publiquei em Lisboa, pela Imprensa Nacional/Casa da Moeda, a edição desse manuscrito e todas as especulações que ele permite fazer acerca da elaboração de tais projetos, procedendo à fixação dos textos, num ensaio intitulado "A pré-história da poética de Florbela Espanca (1915-1917)". *Florbela Espanca. Trocando olhares* (estudo introdutório, estabelecimento do texto e notas de Maria Lúcia Dal Farra). Lisboa: IN/CM, 1994, pp. 09-143.

O endereço oficial do casal é, no entanto, o da matriz da *Firma Andrade & Amaral Ltda*. Firma de Joaquim Andrade, que é o sogro de Manuel e o dono da quinta cedida ao casal. De maneira que Apeles, a bordo do Carvalho Araújo, escreve para o endereço que a irmã lhe fornece em Lisboa: Rua da Betesga 7 e 9.

Narro com minúcia estes detalhes porque é muito bizarro que o cabeçalho desta Firma compareça numa folha de duplicata em branco, em cujo verso Florbela manuscrita a primeira versão de um soneto, só conhecido postumamente quando publicado por Guido Batelli no *Charneca em flor*, em 1931.

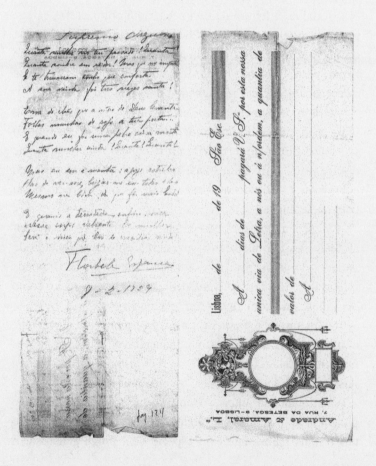

O referido poema possui, entretanto, nesse autógrafo, o título de "Supremo orgulho" (alterado no livro póstumo para "Supremo enleio") e traz a anotação de ter sido escrito em 8 de fevereiro de 1924 — portanto, dois meses antes do início do processo de divórcio litigioso que Guimarães impetra contra Florbela, por abandono de lar e por graves injúrias.

Ora, a descoberta deste soneto no fluxo desta epistolografia, pertença de António Marques Guimarães e mantida inédita até dezembro de 2008, comprova que Florbela deve ter endereçado o autógrafo ao ex-marido ou a ele entregue pessoalmente o soneto. Tudo bem — nada demais. É possível que, numa das entrevistas entre os ex-esposos para os arranjos do divórcio, isso tenha deveras se passado.

Todavia, a leitura da dita peça, no âmbito destas cartas, parece implicitar, mercê do seu conteúdo, um esforço da parte da Poetisa: o de zelar pela imagem que de si deixava como herança ao ex-amante, num esforço de se perpetuar, orgulhosa e narcisicamente, como a única mulher da vida dele...

Lendo o soneto com esta chave, ele pode dar a impressão, mercê do feitiço de amor que descarrega sobre o seu interlocutor, de ter sido escrito *expressamente* para este destinatário, para Guimarães, num gesto de puro despeito e bravata — atitude que não é estranha à Florbela desta correspondência.

Sugiro tal interpretação porque o poema, após mencionar as mulheres que estiveram ou estarão presentes na vida do Amado, conclui que tais amores contam pouco, pouco importam, visto que, na verdade, a sua Emissora **não** é como elas, mas, sim, como **a manhã**: ela *apaga estrelas*...

A metáfora é ambiciosa e megalômana — convulsiona o mundo sideral, na mesma linhagem de outras imagens preferidas dela, como aquela de *Fanatismo*, em que *podem voar mundos, morrer astros...* — e daí por diante.

Entretanto, a ameaça amorosa que a peça contém não para por aí. Ela alcança ainda um outro patamar, levando ainda mais para longe essa espécie de... praga generosa. E registro o autógrafo em questão, para compartilhar as minhas cogitações.

Como já apontei, o soneto tem como título original "Supremo orgulho":

> *Quanta mulher no teu passado, quanta!*
> *Tanta sombra em redor! Mas que me importa?*
> *Se delas veio o sonho que conforta,*
> *A sua vinda foi três vezes santa!*
>
> *Ervas do chão que a mão de Deus levanta,*
> *Folhas murchas de rojo à tua porta*
> *Quando eu for uma pobre coisa morta,*
> *Quanta mulher ainda! Quanta! Quanta!*
>
> *Mas eu sou a manhã: apago estrelas!*
> *Hás de ver-me, beijar-me em todas elas*
> *Mesmo na boca da que for mais linda!*
>
> *E quando a derradeira, enfim, vier*
> *Nesse corpo vibrante de mulher*
> *Será o meu que hás de encontrar ainda!*

Veja-se que Florbela encarece a força extraordinária das mulheres existentes no passado e no futuro desse Amado, para exaltar, em contrapartida, a sua unicidade. E é assim que ela promete se perpetuar na lembrança dele, com seu corpo e seu espírito — para sempre: pelos séculos dos séculos, amém!

Se esta hipótese é correta, não fica difícil imaginar o arrepio de pânico que deve ter percorrido Guimarães ao ler o poema que a mulher que partira — essa Florbela feiticeira! — lhe destinara como encantamento e vaticínio. Como permanecer imune diante de um sortilégio desses, mesmo quando ele não passa de mera ficção, de pura poesia?!

Florbela certamente contava a seu favor com a ambiguidade própria à emissão poética. Porque, sendo ela quem se pronuncia no poema, aquela que ali está e que nasce do soneto, **é e não é** Florbela, visto que a imagem que ali se manifesta é criada — isto sim! — pelas leis internas da poesia, pela obediência à uma específica forma fixa, ou seja: pelo cânone literário!

Mas por sim ou por não, a ameaça poético-mágica contida no soneto deve ter ocupado, com justiça, as noites de Guimarães, em grandes fantasmagorias...

Convenhamos: já é coincidência bastante o fato de o original deste soneto estar escrito no verso de um papel que traz impresso sinais da história passada do casal. Mas é ainda mais curioso e espantoso que tal autógrafo, situado entre os guardados de Guimarães, esteja registrado no verso de uma promissória — de uma fatura que, pelo visto, ele deveria passar a vida a saldar.

Creio não exagerar quando asseguro isso. Porque Guimarães se casa (logo em seguida às terceiras bodas de Florbela) e vai para a África. Retorna a Portugal em 1953 e trabalha até a sua morte, que ocorre em 1981, na empresa do irmão Manuel: na Firma, sediada em Lisboa — a chamada *Organização Portuguesa de Recortes de Imprensa, Ltda.*

Pois bem. Quando Guimarães falece, ele deixa um inesperado legado: um expressivo acervo para além desse imenso espólio de Florbela a que me referi, e para além desta epistolografia. António Marques Guimarães deixa para a família (visto que ele, assim como Florbela, não teve herdeiros) e para um insuspeitável futuro, uma coleção de inúmeros e surpreendentes **recortes**, contendo todas as notícias relativas à Florbela Espanca desde **antes** da separação de ambos — recortes coletados **antes** de ele assumir as suas funções na Firma do irmão, em 1953. Firma que enviava para seus clientes (segundo a especificação dos serviços contratados) recortes de notícias de jornais (ou de quaisquer órgãos da imprensa) sobre determinado assunto ou pessoa.

Na altura em que essa coleção de recortes é conhecida — e esta contém, portanto, todas as notícias divulgadas na imprensa sobre a Poetisa desde que ela começara a existir para a literatura —, fazia mais de meio século que Florbela falecera...

Sempre me causou forte impressão este fato enigmático. Mas só agora, conhecendo o autógrafo de "Supremo orgulho" e consciente da sua localização no contexto destas cartas, sou obrigada a admitir que:

- por mais que eu descreia de uma relação tão íntima entre vida e obra, entre biografia e poesia, entre história e literatura — me vejo constrangida a admitir que, neste caso, o feitiço de amor conjurado pelo soneto "Supremo orgulho" de Florbela Espanca, e lançado sobre o seu Receptor — acabou, de fato, por mostrar — e com largueza! — a sua enorme eficácia...

Lajes Velha, 14 de novembro de 2011.

DADOS BIOGRÁFICOS DE
FLORBELA ESPANCA

1894 — Filha de Antónia da Conceição Lobo e do republicano João Maria Espanca, nasce Flor Bela d'Alma da Conceição Espanca, no início da madrugada de 8 de dezembro, em Vila Viçosa (Alentejo). Será criada pela esposa do pai, Mariana do Carmo Ingleza, também sua madrinha, como sucederá com Apeles, seu único irmão, que, fruto daquela mesma união, virá ao mundo a 10 de março de 1897.

Antónia da Conceição Lobo falecerá em 1908, ano em que é assassinado o Rei D. Carlos, quando regressava a Lisboa vindo de Vila Viçosa, ano em que a família se transfere para Évora para dar continuidade aos estudos de Florbela, que ingressara no Liceu. Somente em 13 de junho de 1949, quase vinte anos após a morte da poetisa, João Maria a perfilhará — e apenas para formalizar, aos olhos dos pudibundos detratores da poetisa morta, uma legitimidade que sempre lhe foi assegurada pelo desvelo, carinho e permanente assistência de pai.

João Maria Espanca começara a vida como sapateiro, profissão que herdara do pai, passando, depois, a exercer a função de antiquário, negociante de cabedais, de desenhista e pintor, de fotógrafo, dono da Photo Calypolense de Vila Viçosa, e, por fim, de cinematografista, viajando por todo Portugal, exibindo filmes no seu *vitascópio de Édson*. Grande boêmio e aventureiro, viajara pela Espanha, por Marrocos e pela França, tendo naufragado no Mediterrâneo. Vai falecer em 3 de julho de 1954, em Vila Viçosa, com 88 anos de idade.

1903 — Datam deste ano as primeiras composições de Florbela. "A vida e a morte" vem registrada com a indicação de ter sido composta em 11/11/1903; do dia 12 de novembro há um "soneto" em redondilha maior, que começa com o verso "A bondade, o som de Deus", onde se assegura que é feliz aquele que tem "um bom irmão" — generosa e precoce homenagem a Apeles. Data do ano seguinte, do dia 2 de fevereiro, um poema dedicado ao pai, que aniversaria, em que Florbela lhe pede que seja muito seu amigo e do seu irmão. Comparece nessa peça aquilo que, possivelmente, fosse o seu grande receio de então: o de que "se tu nos morreres"...

1906 — São suas amigas, desde esta altura, Milburges Ferreira (a Buja, amiga da vida inteira, sua vizinha, e afilhada, como Florbela, da "mãe" Mariana Ingleza), Mónica Berlim, Lydia Rebocho Pais. Evidências dessas amizades podem ser localizadas na correspondência de Florbela Espanca.

1910 — Em 5 de outubro, quando rebenta a Revolução que vai abrir as portas à República em Portugal, Florbela e a família se encontram em Lisboa, no Francfort Hotel do Rossio. De 1911 a 1913, Florbela retira, para consulta, da Biblioteca Pública de Évora, as seguintes obras: *O lírio do vale*, de Balzac, *Os três mosqueteiros*, de Alexandre Dumas, *Amor de salvação*, de Camilo Castelo Branco, *A dama das camélias*, de Alexandre Dumas, *A morte de D. João*, de Guerra Junqueiro, *Miniaturas*, de Gonçalves Crespo, *Garrett e o Romantismo*, de Teófilo Braga.

1913 — Interrompendo o Liceu, Florbela casa-se em Évora, no dia dos seus 19 anos, com Alberto de Jesus Silva Moutinho, seu colega de escola desde 1904, indo o casal residir em Redondo (onde ela tem o seu cão Rajá, do qual muito se orgulha). Mais tarde, de regresso à Évora, o casal fica morando na casa do pai Espanca. De setembro de 1912 a fevereiro de 1913, quase até as vésperas do seu casamento, Florbela mantivera uma relação sentimental com João Martins da Silva Marques, de Redondo, que ela teria conhecido em Figueira da Foz, e que viria a ser, mais tarde, assistente da Faculdade de Letras de Lisboa e diretor da Torre do Tombo — episódio que ficou registrado por meio de algumas cartas trocadas na altura. Neste mesmo ano, batiza, em 8 de maio, o primo Túlio Espanca, que virá a ser editor de *A cidade de Évora*, vogal das Academias Portuguesas de História e Nacional de Belas Artes, profundo conhecedor da arquitetura eborense.

1916 — De volta a Redondo, Florbela dá início, em meados de abril, ao caderno *Trocando olhares*, que contém oitenta e oito poemas e três contos — "Oferta do destino", "Amor de sacrifício" e "Alma de mulher" — produzidos entre 10 de maio de 1915 e 30 de abril de 1917. Neste estão incluídos os projetos *Trocando olhares*, *Alma de Portugal*, *O livro d'Ele* e *Minha terra, meu amor*. Também desse manuscrito ela extraiu as antologias *Primeiros passos* (1916) e *Primeiros versos* (1917), amostragens com que inutilmente se empenha na sua estreia literária. Colabora no *Modas & Bordados* (suplemento de *O Século* de Lisboa), em *Notícias de Évora* e em *A Voz Pública* (Évora). Corresponde-se com Madame Carvalho e com Júlia Alves, ambas do Suplemento *Modas & Bordados*, e envia, para a apreciação de Raul Proença, a antologia *Primeiros passos*.

Os autores de sua preferência que, por uma ou outra razão, cita na correspondência com Júlia Alves, são os seguintes: António Nobre (o preferido), Goethe, Júlio Dantas, Guerra Junqueiro, Cesário Verde, Augusto Gil, Victor Hugo, Correia de Oliveira. As obras que lhe chamam a atenção neste momento são as seguintes: *Neste vale de lágrimas*, de Silva Pinto, *Fel*, de José Duro, *Os gatos*, de Fialho de Almeida, *Doida de amor*, de Antero de Figueiredo, o *Só*, de António Nobre — a preferida. Também é citada, para passar pelo seu crivo, uma obra de Virgínia Águas, cujo título não fica identificado.

1917 — Toma contato com a obra *Vitral da minha dor*, de Américo Durão, de que alguns dos sonetos de um ciclo do manuscrito *Trocando olhares* expressam a leitura, poemas que, aliás, perfarão a ponte para o *Livro de mágoas*. Vivendo desde setembro em Lisboa, sob os auspícios do pai, Florbela matricula-se em 9 de outubro na Faculdade de Direito da Universidade de Lisboa, que abandonará em meados de 1920. Muito embora não se tenha nenhuma informação a respeito de se Florbela tomou ou não conhecimento de Alfredo Pedro Guisado, participante do *Orpheu* (1915), o nome dele consta, nos anais da Faculdade, como tendo sido seu colega de turma. Foram também seus contemporâneos, aí, Américo Durão, José Schmidt Rau, Botto de Carvalho, José Gomes Ferreira, Vasco Caméliet, António Ferro (que foi editor do número 2 do *Orpheu*, posteriormente diretor do *Diário de Notícias* de Lisboa, tendo, em editorial de 24 de fevereiro de 1931, chamado a atenção de Portugal para a obra de Florbela; transformado em 1936 em secretário da Instrução Pública, vai combater ferrenhamente a campanha de erguimento do busto da poetisa no Jardim Público de Évora, à qual apoiara e divulgara antes).

Em 1918, a poetisa se trata, em Quelfes (cidade próxima a Olhão), das consequências de um aborto involuntário e mal curado, que teria infectado ovário e pulmões; em julho de 1920, ela está grávida de António Guimarães, fato que ocorre também em meados de 1923: em ambas as situações Florbela é vítima de aborto involuntário.

1919 — Sai em junho, em Lisboa, pela Tipografia Maurício, o *Livro de mágoas*, coletânea de trinta e dois sonetos, dedicada "A meu Pai. Ao meu melhor amigo" e "À querida Alma irmã da minha. Ao meu Irmão". São duzentos exemplares franqueados pelo pai e, a crer em peça da sua epistolografia, a feitura do livro teve como leitor e interlocutor assíduo a Raul Proença. São contemporâneas de Florbela as seguintes poetisas: Virgínia Victorino (a mais divulgada e a mais bem conceituada delas, que publicou *Namorados*, em 1921, *Apaixonadamente*, em 1923, e *Renúncia*, em 1926), Fernanda de Castro (mulher de António Ferro), Thereza Leitão de Barros, Laura Chaves, Amélia Vilar (uma de suas "ingênuas" detratoras futuras), Beatriz Arnut, Oliva Guerra, Marta Mesquita da Câmara, Ludovina Frias de Matos, Diana de Liz (mulher de Ferreira de Castro).

Num livro de poemas intitulado *Sol poente*, Botto de Carvalho dedica à Florbela um poema, "A Princesa Incompreendida", onde já dá notícia do "primeiro sinal de um suicídio em vão" num de seus pulsos.

1920 — Em 4 de março de 1920 tem início a correspondência de Florbela com António Guimarães, que se prolonga com assiduidade até, pelo menos, 3 de dezembro de 1923. Inéditas até dezembro de 2008, as cartas vieram à luz com o título *Perdidamente. Correspondência amorosa 1920-1925.*

1921 — Divorcia-se de Moutinho em 30 de abril e casa-se, em 29 de junho, no Porto, com António José Marques Guimarães, alferes de Artilharia da Guarda Republicana, que conhece desde princípios de 1920 em Lisboa. O casal passa a residir no Castelo da Foz, mas, no ano seguinte, já se encontra em Lisboa, onde Guimarães se torna chefe de gabinete do Ministro do Exército.

João Maria divorcia-se de Mariana em 9 de novembro, casando-se com a ex-empregada Henriqueta de Almeida em 4 de julho de 1922. Apeles, que presta serviço no cruzador "Carvalho Araújo", e que vai ser graduado Segundo-Tenente, transporta para a ilha de Fernando de Noronha o segundo avião utilizado por Gago Coutinho e Sacadura Cabral para a célebre Travessia do Atlântico Sul, em 1922 — travessia acompanhada, por isso mesmo, com todo o interesse por Florbela, que guardou os recortes de jornais que noticiavam a respeito, aqueles em cujas fotos se vê Apeles (recortes que, da Biblioteca Nacional de Lisboa, foram transferidos hoje para o seu espólio da Biblioteca Pública de Évora).

Ainda em 1922, em 1º de agosto, a recém-fundada *Seara nova* publica o seu soneto "Prince Charmant...", dedicado a Raul Proença, o interlocutor literário de Florbela, de todos o mais significativo e mais competente.

1923 — Em janeiro, vem a lume a sua segunda coletânea de sonetos, *Livro de Sóror Saudade*, composta de trinta e seis sonetos e editada pela Tipografia A Americana de Lisboa. Compreendem duzentos exemplares custeados por João Maria Espanca. Para sobreviver, Florbela dá aulas particulares de português, em Lisboa, e uma de suas alunas tornar-se-á sua estudiosa e amiga: trata-se de Aurélia Borges.

1925 — Divorcia-se de Guimarães em 23 de junho (divórcio litigioso em que Florbela é acusada de abandono do lar e de ter injuriado o marido de "malandro"..., conforme pode-se ler nos autos) e casa-se, a 15 de outubro, com o médico Mário Pereira Lage (a quem conhece desde 1921, e com quem vive desde 1925), em Matosinhos (Porto), onde, a partir de 1926, morará com ele na casa dos sogros até a sua morte.

Mariana Ingleza, com a qual Florbela nunca deixou de ter contato, falece em dezembro, em razão de um tumor no útero, diagnosticado em 1915. Também no final de dezembro falece a noiva de Apeles, Maria Augusta Teixeira de Vasconcelos, o que vai levá-lo a escrever, em seguida, à irmã uma carta desconsolada, clamando pela morte.

1927 — Principia sua colaboração no *D. Nuno* de Vila Viçosa, dirigido por José Emídio Amaro que, juntamente com Azinhal Abelho, publicariam em 1949 as *Cartas de Florbela Espanca*. Não encontra editor para o *Charneca em flor* e prepara um volume de contos (provavelmente

O dominó preto, publicado postumamente apenas em 1982); dá início à tarefa de tradutora de romances para a Civilização do Porto, tendo, antes, em 1926, vertido outros para a Figueirinhas do Porto.

São estes os volumes por ela traduzidos até a sua morte, pertencendo os três primeiros à Figueirinhas do Porto: *A ilha azul*, de Georges Thiery (1926); *O segredo do marido*, de M. Maryan (Biblioteca das Famílias, 1926); *O segredo de Solange*, de M. Maryan (Biblioteca das Famílias, 1927); *Dona Quichota*, de Georges de Peyrebrune (Biblioteca do Lar, 1927); *O romance da felicidade*, de Jean Rameau (Biblioteca do Lar, 1927); *O castelo dos noivos*, de Claude Saint-Jean, 1927); *Dois noivados*, de Champol (Biblioteca do Lar, 1927); *O canto do cuco*, de Jean Thiery (Biblioteca do Lar, 1927); *Mademoiselle de la Ferté* (romance da atualidade), de Pierre Benoit (Série Amarela, 1929); *Maxima* (romance da atualidade), de A. Palácio Valdés (Coleção de Hoje, 1932).

Apeles, tornado Primeiro-Tenente da Marinha, mergulha para sempre no Tejo durante um voo de treino com um hidroavião, em 6 de junho; seu corpo nunca foi encontrado. Até o dia 4 de junho, Florbela havia permanecido com ele, em Lisboa. Inconsolável, a poetisa se põe a trabalhar pela memória do irmão, produzindo os contos de *As máscaras do destino*, volume publicado postumamente em 1931.

1928 — Consta que, em julho, Florbela ter-se-ia apaixonado por Luís Maria Cabral, médico e pianista, e que, em agosto, teria tentado o primeiro suicídio com soporíferos.

1929 — Segundo testemunho de Rui Guedes, em maio desse ano, Florbela procura o diretor de cinema Jorge Brun do Canto, que ultimava o elenco para o filme *Dança dos paroxismos,* a fim de pudesse ser contratada como atriz, tal como o fora sua amiga Maria Emília Vilas. Todavia, o diretor a recusou por considerá-la "muito apagada". Curioso que esse filme só ganharia a sua estreia em 1985, na Cinemateca Nacional de Lisboa. O diretor teria dito na ocasião ao empresário: "Quem poderia adivinhar que por trás daquela rapariga apagada se encontrava o monstro de poesia e sensibilidade que hoje conhecemos?".

1930 — Em 11 de janeiro enceta o seu *Diário* (que virá à luz apenas em 1981); a 18 de junho principia a correspondência com Guido Battelli, professor italiano (na altura com 62 anos de idade), visitante na Universidade de Coimbra, que publicará em 1931 o *Charneca em flor*, volume composto de cinquenta e seis sonetos (acrescendo-o, na segunda edição, de mais vinte e oito sonetos, o *Reliquiae* — na terceira edição serão acrescentados mais cinco). Battelli publicará ainda nesse mesmo ano o *Juvenília* (que se compõem de poemas dispersos de Florbela, na sua maioria pertencentes à fase anterior à primeira publicação) e as *Cartas de Florbela Espanca* à *Dona Júlia Alves e a Guido Battelli* (cartas que ele publica incorretamente cortando trechos, interpolando outros). Florbela colabora no *Portugal feminino* de Lisboa, na revista *Civilização* e no *Primeiro de Janeiro* (ambos do Porto).

Em agosto, a amiga Maria Helena Calás Lopes (casada com o irmão de Buja, o Alfredo Lopes, ambos residentes em Lisboa) permanece, com os filhos pequenos Maria Luísa e José Pedro, dois meses na companhia de Florbela. É durante essa época que Guido Battelli virá a Matosinhos para conhecer pessoalmente a poetisa.

Maria Helena voltará de novo a Matosinhos apenas no dia 8 de dezembro, conforme combinado, para estar com a amiga no seu aniversário, aliás, graças à generosidade de Mário Lage, que cedera ao pedido da esposa oferecendo-lhe como presente a solicitada viagem de Helena. Era projeto de Florbela acompanhar a amiga a Lisboa, aquando do Natal, descendo, em seguida, para o Alentejo. Todavia, Maria Helena, ao desembarcar em Matosinhos, encontra morta a aniversariante que, entretanto, lhe havia legado em carta confidencial todas as instruções para o seu enterro, bem como as suas últimas disposições. Entre estas, dois pedidos: de que fossem colocados, dentro do seu caixão, os fragmentos do hidroavião que Apeles pilotava quando morreu (e que Florbela havia ido buscar pessoalmente em Lisboa na ocasião), bem como o de que cobrisse o seu corpo inerte com braçadas de flores.

Em setembro, falece o sogro de Florbela, com quem, segundo consta, ter-se-ia desentendido desde o princípio do relacionamento com Lage, muito embora tivessem sido justo os pais de Mário Lage os padrinhos do seu casamento religioso. O sogro encontrava-se com esclerose, desarticulando, há já algum tempo, a vida familiar.

Em outubro, segundo Aurora Jardim, Florbela estaria apaixonada por Ângelo César, advogado do Porto, e em seguida teria ocorrido a sua segunda tentativa de suicídio com barbitúricos. Na passagem de 7 para 8 de dezembro, precisamente às duas horas da madrugada do dia 8, à hora exata em que nasceu e no dia em que completava 36 anos de idade, Florbela morre em virtude de uma *overdose* de barbitúricos. Deixara, como disse, numa carta pessoal instruções para a amiga Maria Helena Calás Lopes também acerca dos seus pertences; ao marido também destinara uma carta, bem como preparara postais de despedida às amigas mais próximas.

Todavia, a certidão de óbito, passada com base nas declarações do carpinteiro Manuel Alves de Sousa, e não no testemunho de algum médico, atesta que Florbela morreu de edema pulmonar às 22 horas do dia 7 de dezembro — horário em que foi, por conveniência de realização do enterro, calculada a sua morte.

2008 — Em dezembro de 2008, sai, pelas Edições Quasi do Porto, sob a tutela da Câmara Municipal de Matosinhos, o volume *Perdidamente. Correspondência amorosa (1920-1925)*. Até então inéditas, essas cartas foram estabelecidas por Maria Lúcia Dal Farra, que as organizou, apresentou e fixou-lhes notas, nessa edição que teve como prefaciadora Inês Pedrosa.

BIBLIOGRAFIA DE
FLORBELA ESPANCA

Livro de mágoas. Lisboa: Tipografia Maurício, junho de 1919.

Livro de Sóror Saudade. Lisboa: Tipografia A Americana, 1923.

Charneca em flor. Coimbra: Livraria Gonçalves, janeiro de 1931.

Charneca em flor (com 28 sonetos inéditos). Coimbra: Livraria Gonçalves, abril de 1931.

Cartas de Florbela Espanca (a Dona Júlia Alves e a Guido Battelli). Coimbra: Livraria Gonçalves, agosto de 1931.

Juvenília: versos inéditos de Florbela Espanca. Coimbra: Livraria Gonçalves, outubro de 1931.

As máscaras do destino. Porto: Editora Marânus, dezembro de 1931.

Sonetos completos (Livro de mágoas, Livro de Sóror Saudade, Charneca em flor, Reliquiae). Coimbra: Livraria Gonçalves, 1934.

Cartas de Florbela Espanca. Lisboa: Edição dos Autores, s.d., prefácio de Azinhal Abelho e José Emídio Amaro (1949).

Diário do último ano. Lisboa: Livraria Bertrand, 1981, prefácio de Natália Correia.

O dominó preto. Lisboa: Livraria Bertrand, 1982, prefácio de Y.K. Centeno.

Obras completas de Florbela Espanca. Lisboa: Publicações Dom Quixote, 1985-1986, 8 vols, edição de Rui Guedes.

Trocando olhares (estudo introdutório, estabelecimento de texto e notas de Maria Lúcia Dal Farra). Lisboa: Imprensa Nacional/Casa da Moeda, 1994.

Florbela Espanca (organização e estudos de Maria Lúcia Dal Farra). Rio de Janeiro: Editora Agir, 1995, coleção "Nossos Clássicos".

Poemas. Florbela Espanca (estudo introdutório, organização e notas de Maria Lúcia Dal Farra). São Paulo: Martins Fontes, 1996 (1. ed.).

Florbela Espanca. Afinado desconcerto. Contos, cartas, diário (estudo introdutório, apresentações, organização e notas de Maria Lúcia Dal Farra). São Paulo: Iluminuras, 2002 (1. ed.).

Florbela Espanca. À margem dum soneto/O resto é perfume (fixação de texto e posfácio de Maria Lúcia Dal Farra). Rio de Janeiro, 7 Letras, 2007.

Perdidamente. Correspondência amorosa - 1920-1925 (fixação de texto, organização, apresentação e notas de Maria Lúcia Dal Farra). Porto (Vila Nova de Famalicão): Quasi Edições/ Câmara Municipal de Matosinhos, 2008, prefácio de Inês Pedrosa.

1. Lisboa: As "malditas prevenções"

("Meu Grande Urso")

Florbela, 1918

1

{antes de 04/03/1920}[1]

{Dedicatória do *Livro de mágoas* para António Guimarães}[2]

Ofereço-te o meu livro, que é a minh'alma de outrora: cheia de mágoas! — ela anda hoje cheia de quimeras, dos sonhos com que a encheste, das ilusões com que a deslumbraste... Ela é outra, agora! Vai toda nesta página... e nem se lembra sequer que foi, um dia, aquela que sonhou, em horas de tortura, o pobre e triste "Livro de mágoas"...

Florbela Espanca
Ano de 1920

---

[1] Duas pequenas anotações de bolso: tudo o que vem escrito entre colchetes é da minha responsabilidade. A outra observação diz respeito a um procedimento específico de Florbela na escrita dessas cartas. Trata-se do seguinte: como ela aproveita cada pequeno espaço do papel para se comunicar com o amante (muitas vezes escrevendo nas margens e ao cimo e em baixo das páginas, cobrindo, enfim, todos os vazios), ela não faz parágrafos, separando, no máximo, um tantinho a palavra final daquela próxima e inicial, como se (talvez) estivesse a indicá-los. Assim, registro entre colchetes esse fato sempre que ocorrer. Essa maneira de preenchimento do papel explica por que o texto aparece corrido diante dos olhos do leitor, numa única mancha gráfica.

[2] Dedicatória, feita à mão e à tinta, na folha branca subsequente à página de rosto da primeira edição do *Livro de mágoas*, que foi publicado em Lisboa, pela Tipografia Maurício, em junho de 1919. Muito embora o nome de António Guimarães não compareça no cabeçalho, este exemplar foi de fato a ele dirigido e se encontrava em seu poder. Tudo indica que tal dedicatória tenha sido escrita antes da primeira carta conhecida, portanto, antes de 04 de março de 1920, devendo fazer parte das primeiras prendas trocadas mutuamente pelos dois apaixonados.

2

{4 de março de 1920}

António[1]

É provável que não possa falar-te, por isso, digo-te nesta carta o que te disse em casa da Dona Georgina. Devia parecer-te singularmente fantástica a resolução que há bocado tão inesperadamente te comuniquei, mas os motivos que me levaram a tomá-la são, a meu ver, tão sérios que só tu, juiz nesta causa, poderás removê-los ou explicá-los duma outra forma. Sou sempre a mesma mulher leal a quem há dias fizeste o oferecimento generoso da tua alma e do teu nome. Como agradecer-te o oferecimento, cheio de amor e ternura que por tão poucos dias tão feliz me fez! Sou a mesma sempre. Posso olhar-te com os mesmos olhos tranquilos e límpidos que nunca mentiram. Poderá a minh'alma comungar com a tua no mesmo altar de pureza e dignidade sem mancha. Não tenho de ti a mais pequenina sombra de ressentimento. Nestes dias fizeste-me acreditar que a felicidade é provável no mundo. A minha pobre alma, tão magoada e dolorida, encontrou para ti os risos bons dos quinze anos. Sonhei passar a vida a teu lado, e como se num amor pudesse reunir todos os amores, sonhei ser, no nosso lar, a esposa, a irmã, a amiga incomparável e, em horas de desânimo, até a mãe que tu não tens há tanto tempo! Ainda ontem com meu irmão, desdobrei, como numa asa d'oiro ao sol, a minha vida tão cheia já de ti e ainda ontem eu disse como sonhava o futuro tão cheio de alegrias, tão quente de carinhos, tão grande de inteligência e de bondade, a viver junto de ti, bem encostada ao teu grande coração que tem andando tão só no mundo! Mas eu não te disse já que a vida não deixa nenhum castelo sem o deitar ao chão? Amo-te e amas-me, e afinal o que devia ser a única razão de proceder, não é; e não é porque eu sou leal porque eu não quero dever-te

56

nada, a não ser um grande amor que eu teria com que pagar. Em volta de mim ergueu-se, como uma revoltante maré de lama, a intriga mais infame e mais cruel que se pode imaginar. Ouvi hoje, em casa da Dona Georgina, coisas que não supus que as pudesse ouvir um dia. Tão só me sentem na vida que se atrevem a insultar-me como se eu fosse a última das mulheres! Eu, que sozinha, tenho cumprido sempre o meu dever, embora, como este, custe ao meu coração que afinal se revolta e se insurge contra a vida tão vil que me não deixa ser feliz nem fazer feliz os que eu estimo. A Ema diz que eu pratiquei infâmias e mil vergonhas na casa dela na noite do baile.[2] Eu! Levanta-se em volta de nós a barreira que eu temia, e são tão espertos que a levantam de lama e podridão porque sabem que as minhas mãos não sabem tocar barreiras dessas. Separam-nos, António, e roubam-te a ti, como a mim, a felicidade porque ninguém como eu saberia ser tão radiosamente feliz por ti: e em ti! Amanhã será toda a gente a dizer a mesma coisa, a atirar-me a mesma lama, a envolver--nos em coisas baixas, tão baixas que eu nem me posso curvar para as avistar. O que eu hoje tenho sofrido meu grande amigo, meu único e incomparável amigo! Tenho sofrido mais que em toda a minha vida. Eu já previa a isto e com tanta razão! Não me perdoam a superioridade do meu caráter e da minh'alma; não me perdoam o ter-te prendido, a ti que nenhuma tinha prendido ainda. Quiseram estragar aquilo que seriam incapazes de compreender: a nobreza da nossa vida juntos, eu encostada ao teu coração, a senti-lo bater, p'la vida fora. Meu Deus, como isto tudo é vil! Sinto-me manchada só pelas palavras que ouvi, sinto-me suja de lama até ao fundo de mim mesma. Compreende bem, meu amor, que eu sou hoje a que era dantes, a que fui sempre. Não encontrarás consciência mais reta, maior amor ao dever, custe o que custar. É por ti apenas que eu quero fugir,[3] porque não quero que a sombra duma dúvida aflore a tua alma, não quero nunca que uma leve suspeita tua, venha insultar-me no que eu valho, no que eu sou. Isso não quero e eu sou bem orgulhosa para não permitir aos raros que estimo a sombra duma suspeita. Quero que os meus olhos sejam acreditados fielmente porque eles nunca mentiram. Tenho medo que tu ouses duvidar, de leve que seja, da minha dignidade que é grande como a de nenhuma outra mulher. Expus-te a questão. A ti pertence resolver, aceitando a nossa separação ou crendo em mim absolutamente, firmemente, com convicção profunda e inquebrantável. Sou tua noiva e quero-te o bastante para querer que tenhas orgulho de mim para querer que me conheças como se me sentisses pensar, sentir, e viver. Sou digna de ti, sou digna do teu amor, sou digna como nenhuma de ser a tua companheira fiel e dedicada até à morte. O meu dever foi este: dizer-te tudo — e eu cumpro sempre o meu dever. Quero até ao fim, ser para ti a pequenina fonte límpida onde te podes debruçar sem medo. Espero a tua resposta.[4] Sobre ela resolveremos a nossa vida.

Sempre a mesma
Florbela.

[1] António José Marques Guimarães tem, quando conhece Florbela, 25 anos, a mesma idade que ela, e se encontra, desde há um ano, como eventual, no 3º Batalhão da Guarda Nacional Republicana, em Alcântara. Em 02/02/1920, ele se apresentara na GNR a fim de prestar serviço no 3º Esquadrão do G.E. n. 1; já em 1º de junho de 1920, ele será contratado como alferes pelo Comando Geral da GNR.

[2] Florbela se refere a Ema de Andrade Marcos Pereira, cunhada de Manuel Guimarães, por sua vez, irmão de António Guimarães. Segundo Rui Guedes (*Acerca de Florbela Espanca*. Lisboa: Dom Quixote, 1986, p. 52), esta casa ficava na Rua da Madalena 287, 1º esquerdo, Lisboa, informação ainda não confirmada, visto que tal endereço comparece como sendo o de Mário da Silva Bastos, casado, comerciante (marido de Ema?), que, no posterior processo de divórcio litigioso de Guimarães contra Florbela (em 04 de abril de 1924), é averbado como testemunha do Autor do processo. Bizarramente, é também este o endereço fornecido como sendo o de Florbela, nos autos do mesmo processo.

[3] O significado desta "fuga" se esclarece logo na carta a seguir, quando Florbela há de explicar a Guimarães que, em circunstâncias assim, tem vontade de fugir para a charneca, para a sua terra de origem, "como um lobo ferido que fosse morrer ao covil".

[4] A carta é publicada por Rui Guedes com uma data equivocada, a de 14 de março de 1920, e é transcrita com parágrafos que, no original, não tem (confira-se, da mesma coleção "Florbela Espanca" da Dom Quixote, o v. V: *Cartas* 1906-1922). Ainda, segundo ele, Florbela teria conhecido António no casamento de Ema, em janeiro de 1920, o que é uma hipótese plausível. Todavia, mais tarde, em carta de 20 de janeiro de 1921, escrita em Évora por Florbela, e endereçada a Guimarães, Florbela esclarecerá que foi no Carnaval (certamente o do ano de 1920) que ela o conheceu e se apaixonou por ele. Ela declarará, então, ao amado, que foi o Carnaval "que me levou as minhas alegrias mascaradas e me trouxe as sérias, as verdadeiras, as grandes!".

Agustina Bessa-Luís, que parece ter colhido um depoimento pessoal de Aurélia (talvez Aurélia Borges, amiga de Florbela e sua ex-aluna em Lisboa), conta um fato referente a um certo Carnaval (talvez aquele em que Florbela conhecera Guimarães?), em que chovia, e em que Florbela é tomada de inspiração, de maneira que, dentro do táxi, começa a compor o soneto "Chuva" (que, todavia, tem o título de "Noite de chuva" em *Reliquiae*, só publicado postumamente em 1931). Dois anos mais tarde, do Porto, Florbela teria escrito à Aurélia, considerando que aquela "foi a mais feliz de todas, aquela nossa noite de Carnaval, em que me evadi, em que deixei de ser Sóror Saudade..." (cf. *Florbela Espanca. A vida e a obra*, de Agustina Bessa-Luís. Lisboa: Arcádia, 1979, p. 59).

3

{05/03/1920}

5 - Março

António

São 11 horas da noite e vou escrever-te a prometida carta, agora que o silêncio envolve a casa adormecida,[1] como um tapete macio que amortecesse passos leves. Nada ouço em volta de mim e, desta forma, ouço melhor a voz que me fala, que me grita tudo que te vou dizer e com que vou talvez entristecer-te. São tão desesperadas, tão tristes as coisas que oiço dentro de mim! Que dolorida e escura é a minh'alma que um nada faz sangrar miseravelmente. Que pobre aquisição tu fazes, meu amigo querido! A desta mulher criança, sensitiva a doer-se sempre ao mais leve contacto que a magoe, ao mais leve choque que a fira. Tenho sofrido nestes dias o que nunca pensei sofrer depois que te conheço. Que ingênua loucura a minha a de supor que o meu destino me esquecia no florir de rosas que me parecia agora a vida! Que ingênua loucura e que louca ingenuidade! Como eu pago bem caro os risos com que enchi as horas breves, como momentos, de tão poucos dias! Sonhos, para quê? Tenho eu lá o direito de sonhar, de querer o meu raio de sol, que as mais humildes têm?! Tenho eu lá esse direito! Um lar inteligente e cheio de beleza, uma vida intensa de amor, um bom riso todos os dias a doirar-me os olhos, uma confiança inquebrantável num homem que nos seja tudo e o poder dizer que tudo isto é até à morte, é sonho, é um sonho demasiado grande para mim. Estes sonhos podem fazer-se mas não podem passar de sonhos, desgraçadamente. E, no entanto, eu sinto-me tão capaz de realizar numa vida, os sonhos que nenhuma vida realizou ainda! É um pesadelo que trago em mim a pesar infinitamente, um fardo que me dobra toda, curvada como as coisas frágeis que o vento arrasta. Cada vez sou mais farrapo, cada vez me roubam mais a pouca energia que eu tenho. Fez-me mal, um mal irremediável, um mal de que me não curo, a maldade daquela mulher, o mal que todos os outros me têm feito. Eu quereria ter a tua alegria porque tu és alegre, és muito alegre. Quase te quero mal, às vezes, mal à tua alegria que coisa alguma perturba. Porque andas tu tão alegre quando eu me sinto triste, desesperadamente triste? Custa tanto ser desprezada quando se tem a consciência imaculada, como um arminho que coisa alguma fosse capaz de manchar! Custa tanto! Passo as noites e os dias na mesma ânsia febril, na mesma indecisão de farrapo ao vento, no mesmo não saber o que quero, o que hei de pensar, o que hei de, o que devo fazer. Tenho um culto pela minha dignidade de mulher, tenho o orgulho, o santo orgulho de ser sempre a mesma criatura que a vida, tão cheia de lama, não conseguiu salpicar. E assim, tudo em mim são sombras, indecisões, murmúrios, coisas que não entendo bem, que não distingo bem. Amigo, compreende-me e sente que eu não estou, que eu não posso estar alegre. Olha a minh'alma como se ela fosse uma pobre andorinha ferida que batesse as asas desesperadamente. Tenho medo, medo do futuro, medo do mundo, medo da vida que foi sempre má para mim. Tenho visto sempre a felicidade correr-me por entre os dedos como água límpida que coisa alguma sustém; tenho visto passar tudo, morrer tudo em volta de mim, como fantasmas que passassem ao longe, numa estrada cheia de sombras. E era tão bom ser feliz! Se eu pudesse algum dia ser um bocadinho feliz! Encostar a minha cabeça ao teu ombro, sorrir-te com os meus olhos que têm sido sempre tão tristes! Contar-te tudo, dizer-te tudo, mostrar-te o meu coração aberto de par em par como uma janela enorme que o luar iluminasse, que o luar vestisse de branco! Sentir-te os passos e correr para ti, com as loucas saudades dumas horas que tivessem sido anos! Tudo isto, tudo isto eu queria enfim, toda esta ternura eu queria enfim que me envolvesse como um perfume violento que me embriagasse. Tu andas contente e andas contente porquê?! Tu não vês, não sentes que não é possível a felicidade assim completa, absoluta como nós a queremos? A vida não é a imaginação, não é a fantasia, não é o sonho, a vida tem coisas a que nós temos de olhar e que são tão feias e tão más! Faz-me mal, às vezes, a tua alegria, como se ela fosse um sacrilégio. Ampara-me, ensina-me a crer, a ter confiança, dize a verdade mas a verdade que seja boa que me não faça chorar como esta verdade que eu trago dentro de mim como uma chaga a doer sempre. Entremos na vida e não sonhemos. Vamos os dois encarar de frente sem medo e sem covardias a vida tal qual ela é para nós. Não façamos, pelo amor de Deus, castelos no ar que eles caem sempre e eu sou, infelizmente, da natureza das heras que se agarram com ânsia a todas as ruínas por tristes e escuras que sejam. Não me digas nada que não tenhas a certeza, a *absoluta certeza* de poder realizar, na minha, na nossa vida. Há dois dias que não falas comigo e creio não haver em ti vontade nem o sentimento imperioso da necessidade de falar-me, quando nós temos agora tanto e tanto que dizer! E passam assim os dias, e corre assim a vida inútil e estupidamente. Enfim, será quando puder ser. Gostaste dos meus retratos? Há um que não acho mau; dos outros não gosto. Valem todos tão pouco como eu. Estive hoje quase todo o dia na cama e só por tua causa me levantei; as minhas dores de cabeça não me deixam e são em certas horas intoleráveis. Tinha às vezes vontade de fugir para a charneca, isolada e selvagem como um lobo ferido que fosse morrer ao covil. Não sei o que hei de fazer, o que hei de pensar sequer. Tenho a minha pobre cabeça cheia de ideias, tão desencontradas, tão confusas que ela me dá a impressão medonha dum sótão cheio de mil coisas partidas ou duma Rússia em miniatura. Tenho feito um verdadeiro esforço para te escrever estas coisas sem pés nem cabeça. Agradece-me que vale a pena. Convidaram--me para ir amanhã, sábado, à noite ao Cinema Condes. É a primeira vez que esta senhora, com quem agora me dou alguma coisa, me faz um convite; por conseguinte creio dever aceitá-lo se a minha cabeça der licença pois assim com ela tão tonta, não sei o que para lá iria fazer. O que dize tu, meu noivo rabugento? Não te agrada a ideia, naturalmente... Hoje fizeste muito má cara quando te anunciei o projeto dumas compras para amanhã. Será o menino ciumento, tirânico, rabugento, impertinente, e outras coisas assim feias?... Não sejas urso, não? Quando tiveres o direito de *querer*, tenho bem receio de ficar na estante toda a vida como um alfarrábio {sic} velho... Enfim, será então o que Vossa Mercê quiser... (e eu.) Já não posso escrever mais. Nunca tu me escreveste assim um testamento tão formidavelmente comprido. Vou ver se consigo dormir, no fim de duas noites de estar de olhos abertos, a olhar sem ver, como os doidos. Até amanhã? Saudades infindas da

Bela

[1] Esta casa onde Florbela se encontra hospedada em Lisboa fica, como se verá a seguir, na Rua Ferreira Lapa, quase na esquina com a Rua Conde de Redondo, próxima à Praça Marquês de Pombal. Não se sabe se se trata da casa de Edmond Plantier Damião, amigo de seu pai, para onde veio morar quando se mudou com o marido Alberto Moutinho, em setembro de 1917, ocasião em que resolvera estudar na Faculdade de Direito da Universidade de Lisboa, onde se matriculara a 9 de outubro desse mesmo ano. Todavia, o endereço de Plantier era, naquela altura e segundo se sabe, na Rua do Poço de Borratém. O fato é que parece estar Florbela hospedada em casa de gente de posses, em residência grande e espaçosa, com criadas, casa frequentada por pessoas que participam da vida política portuguesa, como se verá. É mesmo provável esta seja a casa da Buja (Milburges Ferreira) ou da família dela. Buja, como já esclareci, foi a maior e mais íntima amiga de Florbela, além de ter sido também afilhada da sua madrinha (a Mãe Mariana Espanca). O pai de Buja, António Ferreira, portanto compadre de João Maria Espanca, era, como ele, ferrenho republicano, o que talvez explique o movimento da casa e o fluxo privilegiado de informações políticas de que Florbela dispõe.

4

{06/03/1920}

6 - Março

António:

Só agora, 9 horas da noite, posso responder à tua carta que, com infinito prazer, encontrei à volta da minha rápida excursão pela Baixa. Já tinha saído quando a tua carta chegou, de forma que não aproveitei o prudente conselho de ficar antes em casa, a escrever-te... Tinha imensas coisas a fazer, coisas que fiz em hora e meia, pois tendo saído às 4 horas e meia voltei às 6 horas, contando um pouco com a tua rápida e costumada visita por estas solitárias e longínquas paragens. Afinal, não apareceste... Dizes estar zangado com as "malditas prevenções"[1] como se tu tivesses feitio para estar zangado com alguém ou com alguma coisa. Tu és dos pacatos, dos plácidos, dos tranquilos, dos otimistas. Os nervos ficaram todos para mim e só eu infelizmente sei zangar-me; às vezes por bem pouca coisa... Tu achas sempre que tudo corre o melhor possível no melhor dos mundos possíveis, segundo a opinião do ilustre Pangloss...[2] Tenho a certeza que te não contraria tanto como dizes este súbito afastamento nosso que vem quebrar o doce hábito de nos vermos quase todo o dia. Enganas-te a ti próprio quando dizes que te contraria muito... Olha que eu estou longe de te dizer que mentes, quando apenas digo que te enganas a ti próprio. *Querer é poder*. Adoro este ditado que é uma esplêndida lição de força moral, de energia, de vontade consciente e forte. Houve sempre prevenções e não deixavas de me procurar. Não é, afinal, tão distante este passado que te não lembres dele... Agora dizes: "paciência, ficará para amanhã{"}. A falta de querer, a falta de vontade!... Tens razão, no entanto: isto para aqui é afastado, não sendo exata e precisamente a

Sibéria ou o Polo Norte... Não te parece?... Perdoa a ironia e talvez a injustiça. Eu não tenho, como tu, o magnífico feitio de aceitar as coisas que me não agradam, com esse "paciência, ficará para amanhã" tão resignado, tão indiferente como se esse "ficará para amanhã" fosse o comprar um par de meias ou uma gravata... Abençoado feitio o teu que eu de todo o meu coração invejo, com todo este coração ansioso, ardente, impaciente, cheio da febre dos grandes impossíveis que o fazem bater noite e dia como um grande doido que é! A teoria dos contrastes em ação... A tua placidez a contrabalançar a minha estúpida nervosidade que chega a ser uma doença. Se gostas de mim como até agora te tem parecido, o que tu terás a sofrer com os meus pobres nervos de sensitiva, em que as mãos mais delicadas não podem tocar sem os fazer estremecer! Sou duma sensibilidade excessiva, aguda, profundíssima. Tudo me faz mal, e a sombra da frieza é para mim já o insuportável sofrimento. Tenho a alma tão dolorida sempre! Um nada me magoa, nem sei porquê. Não é melhor, pois, estar no meu cantinho só e continuar a ser, como dantes, a resignada e triste Sóror Saudade?[3] Não será melhor para ti? No estado de espírito em que estou e que é o pior possível, tu deixas-me demasiado só, entregue a mim própria e a todo o exército de diabos negros que fizeram quartel general da minha pobre cabeça.[4] Dizes que só quando termine a prevenção, falas a meu irmão para que possamos continuar os nossos passeios e para que me possas visitar.[5] Daqui então a seis meses, não? Tu não vês que isto se eternizará agora e que há de complicar-se cada vez mais. Sou pouco profunda na ciência dos políticos, mas, mesmo assim, vejo tudo muito mais confuso e embrulhado que o teu invejável otimismo e a tua inesgotável paciência teima ver. Isto continua e eu continuarei a emagrecer e a apoquentar-me com tudo isto, com a minha vida que é ainda, para mim um formidável ponto de interrogação. Disse ao conhecer-te que era muito exigente. Fui leal em prevenir-te porque em realidade o sou. Li hoje num livro célebre uma frase adorável que me fez invejar a mulher que é amada assim tão profunda e inteiramente. Mando-te a frase para que a medites: *"Il était avide de sa pensée, de son coeur, de son âme... Il était près d'elle l'ami sûr, délicat, attentif, prodigieusement exempt d'égoïsme, qui protège et vit préocupé du bonheur de l'aimée... jaloux de connaître ses joies, ses soucis, ses désirs pour les réaliser..."* Este homem amava e era assim que eu queria ser amada. Medita esta frase e vê se é assim que tu gostas de mim.[6] Vê não te enganes!... Estou imenso só nesta grande casa onde todos têm os seus amigos, a sua família, e onde só eu não tenho ninguém! Amanhã é domingo; todos saem e eu ficarei só com as criadas. Pensaste nisso? Não pensaste, nem tu nem ninguém. Não digas que sim, pois tu bem sabes que não, e ninguém deve mentir nem a si próprio. Perdoa-me a sinceridade com que te falo mas tu pedes-me que te digas tudo quanto eu penso e isso é coisa fácil, visto que talvez a minha única virtude seja uma absoluta sinceridade que coisa alguma pode modificar. Olha que eu não me queixo. Digo o que penso e, muito simplesmente enuncio fatos pois que, apesar de poetisa, ligo bem maior importância aos fatos do que às palavras por bonitas que sejam. Palavras são como as cantigas: leva-as o vento. Não me queixo, mais uma vez te digo, primeiro porque sou demasiado orgulhosa para isso e depois porque talvez não tenha de quê... São pequeninas coisas tudo isto de bem menor importância que a política internacional, o movimento contínuo, ou a descoberta do Polo... Estimo que tivesses ficado contente com os meus péssimos retratos. Hei-de dar-te outro muito bom para que fiques com uma bela recordação de mim; um retrato em que os meus *lindos* olhos, bem abertos, te digam tudo quanto eu sou e quanto eu sinto, te mostrem o lago dormente tranquilo e puríssimo que é a minh'alma toda. Estou desanimada, estou triste, não sei o que tenho, mas não faças caso que não merece a pena... Afinal, não fui ao animatógrafo como tencionava. Desagradava-te a ideia, não é verdade? Desejo muito que consigas passar um domingo feliz e bem mais divertido que os passados... Eu dormirei todo o dia para esquecer que estou só. Adeus, até o dia do juízo?!... Saudades da Bela.

[1] Entre 1920 e 1921, houve 14 governos em Portugal, ou seja, um governo a cada período de dois meses. A Guarda Nacional Republicana havia se tornado, nesta época, "um exército paralelo, com efectivos que eram metade dos do exército propriamente dito e até com artilharia pesada" (p. 531). Os governos aumentaram os efetivos da GNR (cujos oficiais milicianos integrados, após a Primeira Guerra, recebiam vencimentos superiores aos do exército), de 4.575 homens, em 1919, para 14.341, em 1921, contando com três baterias de artilharia de campanha e um batalhão de metralhadoras pesadas, quase todos concentrados em Lisboa. Assim, até 1921, "Lisboa viveu sob uma espécie de ocupação militar, com patrulhas reforçadas da GNR por todo o lado. Não foi por isso que aumentou a segurança dos cidadãos. Pelo contrário, nunca houve tanta criminalidade. É que as funções da guarda eram sobretudo políticas" (p. 532).Veja-se, do Doutor Rui Campos, *A Segunda fundação (1890-1926)*, sexto volume da *História de Portugal* (dir. de José Mattoso), obra citada.

À luz destas explicações, as "malditas prevenções" se esclarecem. Elas vão permear todo o relacionamento do casal, desencadeando em Florbela rancores que ela dirige, então, à política nacional.

[2] Doutor Pangloss, personagem de Voltaire, do *Candide*, é a encarnação do otimismo e, diante de quaisquer acontecimentos funestos e diante das mais absurdas catástrofes, ele tira da manga esta máxima de Leibniz: "Tudo está pelo melhor no melhor dos mundos possíveis!" — frase glosada por Florbela, como se observa.

[3] No dia 27 de dezembro de 1919, portanto, há coisa de menos de três meses, o jornal *O Século* havia estampado, na sua "Página Literária", à p. 3, dois sonetos. O primeiro, de Florbela, dedicado a Américo Durão, intitulado "O meu nome" (aquele que viria a ser publicado com o título de "Sóror Saudade" no futuro *Livro de Sóror Saudade*, em 03 de janeiro de 1923), seguido do segundo, intitulado "Soneto" e dedicado "À poetisa D. Florbela Espanca", de Américo Durão.

Reproduzo o segundo soneto, tal qual se encontra corrigido (com tinta verde) por Florbela no recorte do referido jornal, que ela conservou nos seus guardados pessoais, hoje pertença da Biblioteca Nacional de Lisboa. Aliás, em carta a Durão, de Vila Viçosa em 05 de janeiro de 1920, Florbela comentava as gralhas da publicação (certamente a partir do cotejo entre o original, que ela teria, antes, recebido do próprio poeta), declarando:

> *Que pena eu tive por ver o seu lindo soneto estragado! Antes tivesse sido o meu. Ninguém seria capaz de o tornar pior, por muito mal que lhe fizessem.*

Eis o referido soneto de Durão:

> *Irmã, Sóror Saudade... ah, se eu pudesse*
> *Tocar de aspiração a nossa vida,*
> *Fazer do mundo a Terra Prometida,*
> *Que ainda em sonho às vezes me aparece!*
>
> *Mas, em vão, tua boca empalidece,*
> *E em teus olhos a sombra dolorida*
> *Alarga mais cavada, mais ungida,*
> *Por um incenso místico de prece.*
>
> *Tão perto o sonho foi!... Bastava erguer,*
> *Ao alto, as nossas mãos, para colher*
> *O fruto de um amor quase intangível!...*
>
> *E se hoje as nossas mãos erguidas colhem*
> *Apenas rosas mortas... que as desfolhem*
> *As sombras espectrais de um impossível!*

[4] Florbela parodia, aqui, a função de Guimarães: "exército" e "quartéis" certamente remetem a ele. Ora, em ele estando ausente, outros tantos "diabos negros" ocupam a sua mente. É muito interessante esta metáfora como atestado da sua solidão, do ficar à mercê de si própria — em virtude da ocupação dele.

[5] Ao que tudo indica, só acompanhados de Apeles, Florbela e Guimarães podem ser vistos socialmente, e ela visitada por ele na casa onde se encontra vivendo.

[6] Esta é a tradução literal da tal "frase": "Ele era ávido do seu pensamento, do seu coração, da sua alma... Ele estava próximo dela, amigo seguro, delicado, atento, prodigiosamente isento de egoísmo, que protege e que vive preocupado pela felicidade da amada... ciumento por conhecer suas alegrias, seus cuidados, seus desejos para os realizar...".

5

{07/03/1920}

7 Março 1920

António[1]

Envio a carta que para ti tinha escrito ontem à noite.
Perdoa se sou má mas é sem querer... Lembrava-me para te
falar, irmos ao Lumiar ou a Benfica e voltar outra vez. No
elétrico falaríamos; e uma vez não teremos talvez a pouca sorte
de encontrar alguém conhecido. Visto que tanto me queres
dizer experimentemos mas por uma vez semelhante processo
que não é nada bom. À falta de melhor e por uma vez... Estarei
então às 3 horas e meia na paragem da Rua Ferreira Lapa,
da minha rua, na Rua Conde de Redondo. Compreendes? É
onde vou sempre tomar carro. Depois iremos até ao Lumiar.[2]
Queres? Doutra maneira não há forma visto que tu e meu
irmão andam desencontrados lamentavelmente.

Até logo.

Saudades da
Bela

[1] Bilhete escrito no dia seguinte à carta anterior, no domingo. Por ele se vê que a carta do sábado ainda não havia sido entregue a Guimarães. O teor do bilhete mostra que Florbela acaba de receber notícias de que Guimarães quer muito lhe falar, de maneira que ela lhe responde, tudo indica, com certa rapidez (observe-se a ausência de vírgulas e certo titubeamento de expressão), o que se pode depreender pela forma descuidada em que se acha redigido o bilhete, lacrado e entregue em mãos.

[2] Já se vê, por este bilhete, como os noivos costumam se encontrar sempre que não podem contar com os préstimos de Apeles. Combinam o encontro dentro do elétrico e vão até o final da linha (no caso, Lumiar ou Benfica, locais que, naquela altura, eram considerados fora de Lisboa), refazendo a viagem, conforme as necessidades, correndo sempre o risco de toparem com alguém conhecido, como parece ocorrer frequentemente. Florbela critica o "processo" de encontro, certamente contrariada, pois que tal forma clandestina não combina com a clareza que ela quer imprimir à sua vida com Guimarães, como se observa pelas cartas anteriores.

6

{07/03/1920}

7 Março

António:[1]

Cá estou a escrever-te de novo à noite, à hora dos fantasmas e das minhas imensas e extravagantes maldades. Não tem, porém, a noite coisa alguma a ver com os meus maus humores e os meus pequeninos e irritantes caprichos. Questão de feitio, apenas. Uns nascem plácidos e outros nervosos. Coisas do mundo! Sempre tive estas sutilezas de raciocínio, esta mania de profundar as mais insignificantes banalidades, esta sede insaciável de procurar o misterioso "porquê" de todas as coisas. Em tudo eu vejo sempre os antecedentes, as consequências, as razões e as causas: Sou como as crianças que desmancham o brinquedo que as entretém só pelo prazer de saber o que está dentro. Apesar do meu tradicional horror às ciências positivas, eu tenho uma grande dose de positivismo e a ciência a que na vida ligo maior importância é a matemática. A frase do Hamlet podia ser a minha divisa: "*To be or not to be; that is the question*". Tu dizes não saber onde eu vou buscar as minhas variadíssimas considerações a propósito de todas as coisas. É tão simples! Tenho a cultura suficiente para compreender as coisas e para as ver na realidade como elas devem ser vistas, e não me julgo muito estúpida para que sobre elas eu não possa construir esses complicados edifícios, todos de símbolos e raciocínios que tanto te assustam. Ralhaste hoje[2] comigo bem pouco a propósito porque o meu feitio é arreliar-me e há de ser sempre assim. Nasci sensitiva e assim hei de morrer, muito provavelmente... Nós somos o que somos e não o que quereríamos ser; não te parece? Tens que me aceitar como eu sou visto que só assim eu creio que me possam ter amor. Amares-me por mim e não por ti. Mas eu tenho bem a certeza que tu és muito meu amigo e que eu hei de saber fazer-te o mais feliz de todos os homens, mesmo com as minhas extravagantes considerações que tanto te intrigam e entontecem. Posto isto deixa-me dizer-te que o passeio me fez bem, constipando-me, dando-me por conseguinte o trabalho de ter alguma coisa em que pensar, já que eu ando de espírito tão desanuviado e tão claro... Estou arreliadíssima, sabes? Saiu agora daqui um rapaz que é deputado democrático[3] e que esteve a fazer-me isto tudo tão feio que estou outra vez cheia de inquietações por ti. E tu nunca me dizes nada! Tudo está embrulhadíssimo, e ele diz que o Estado não tem já força para dominar e vencer este medonho estado de coisas. Diz que tudo tem que se resolver por toda esta semana e que a resolução há de arrastar muita coisa e há de fazer muito barulho.[4] Vê tu como eu estou, com tudo, tudo a ralar-me assim. Verás que nós teremos ainda que sofrer com toda esta trapalhada com que nada temos. E ainda tu fazes troça de mim quando eu te falo na África! Antes a África mil vezes que esta Rússia em miniatura que nem mesmo é soberanamente grande, conseguindo apenas ser perigosamente ridícula.[5] Mas eu não terei sossego um dia? Achas que este desejo é irrealizável e que pode entrar no domínio dos sonhos vãos? Tenho bem receio que sim... A propósito da casa tenho a dizer-te o seguinte: A mulher quer, como te disse, 120$00 por mês alugando toda a mobília, louças e tudo que a uma casa pode fazer falta.[6] E quer 7 contos por tudo quanto tem na mesma casa, que tem três quartos, sendo um para criada, casa de jantar, casa de banho, cozinha, escritório e mais duas casas sem importância. A casa está mobilada mais do que com comodidade, está mobilada com luxo, não faltando nela o mais pequenino conforto. Eu acho que 7 contos é muitíssimo dinheiro, achando no entanto que quem quiser ter aquilo tudo terá que gastar muito mais.[7] Tem imensa louça, cristais, tapetes, rendas, almofadas de cetim, *stores* em tule e outras pequenas coisas que custam hoje uma fortuna. Mas como não és milionário (felizmente, à aproximação do bolchevismo) acho que a mulherzinha pode ficar com todas aquelas riquezas que é bem feliz em possuir porque uma casa assim é bem melhor que o paraíso prometido aos bons.[8] Não achas, amor? Ela diz que podem ver a casa e dar a resposta até amanhã à noite, porque a casa tem imensos pretendentes tanto para alugar mobilada como para comprar com tudo. Fartei-me de rir ao pensar nas negociações apressadíssimas que ela queria fazer comigo, julgando-me com plenos poderes da tal rapariga a quem eu ainda nem sequer falara... Imagina que ela quer que eu vá amanhã ver a casa com a rapariga de que lhe falei e que a estas horas nem sabe de que se trata! Tudo isto é cômico a valer, apesar de por vezes lhe não achar graça nenhuma. Quando teremos nós casa e vida como os felizes do mundo?[9] *"Chi lo sà!"* como dizem os italianos. Eu já me parece que nem tenho esperança, tão complicado e confuso tudo isto me parece. Escreve-me muito, sim? Dize como estás e o que fazes no meio deste Rilhafoles que é agora Lisboa.[10] Esta noite, às 10 horas saí. Mereço uma descompostura, mas não merece a pena incomodares-te a dar-me porque eu já hoje te disse que não tinha mesmo vergonha nenhuma... Fui a pé até ao Rocio com uma senhora Campos Melo, minha conhecida daqui. Fomos só pelo prazer de ver tudo às escuras e de sondar a situação pela Baixa.[11] Bem dizes tu que eu tenho muita areia! Não faças caso: ao contacto da tua prudência, a areia desaparecerá toda como por milagre... Adeus. Vou dormir que tenho já imenso sono. Todas as saudades da muito amiga

Bela

[1] Carta escrita no mesmo dia que o bilhete anterior, ou seja, no domingo em que planejaram o encontro durante a viagem de elétrico. Florbela havia, portanto, regressado desse encontro com Guimarães, e escreve depois das 10 horas da noite, como se constatará ao final da carta.

[2] De fato, vê-se que os amantes se encontraram, tal como fora combinado no bilhete anterior.

[3] Será este deputado democrático o mesmo a ser referido na carta de 09/03/1920, o Deputado Plínio da Silva? Nesta altura, o único governo de que os Democráticos não participaram, muito embora divididos, foi o de Francisco Fernandes Costa (que sequer chegou a tomar posse em 15 de janeiro de 1920); a multiplicidade de governos não significou variedade, visto que todos eles representavam diferentes facções democráticas, de maneira que, muito embora os gabinetes mudassem, os ministros tendiam a ser sempre os mesmos. Assim, durante o período em causa, a "vida política da República iria ser determinada pela divisão dos Democráticos e pelos arranjos dos chefes Democráticos entre si e com os outros chefes parlamentares (...). Os Democráticos eram os mais fortes neste jogo. Entre outras vantagens, beneficiavam do seu predomínio na Guarda Republicana" (p. 531). Veja-se a citada obra de Rui Ramos.

[4] O tal deputado estava, de fato, muito bem informado, pois que no dia seguinte, dia 08 de março, cai o governo de Domingos Pereira, substituído pelo de António Maria Baptista. Assim, como se constata, as "malditas prevenções", que obrigaram Guimarães a se ausentar de Florbela desta feita, tinham razão de ser.

[5] A apreciação de Florbela é muito empenhada, pois que está "raladíssima"; mas a imagem é justa e cabe muito bem ao Portugal republicano de então, que troca de governo numa média de dois em dois meses. A menção à África aparece para contrapô-la a Portugal, o que leva a supor que Florbela teria proposto a Guimarães a possibilidade de viverem na África, muito embora, como se depreende pelo contexto da carta, ele não a tivesse levado a sério. Todavia, é essa direção que ele vai tomar, quando, mais tarde, se separar dela.

[6] Esta "casa" de que se começa a falar aqui, nesta carta, deve ser a que Guimarães pretende alugar para passarem a viver juntos. Com esta, começa uma verdadeira fantasmagoria que vai habitar o centro do relacionamento de ambos, marcado sempre pela carência do lar.

[7] Sobre o custo de vida no Portugal deste tempo, cito Rui Ramos (obra indicada): "Entre novembro de 1920 e março de 1921, atingira-se o pico da subida dos preços, com uma taxa de inflação de 148% registrada em janeiro de 1921, a mais alta do século XX em Portugal. (...) A decisão de combater a inflação implicou cortes de despesas do ano de 1921 para 1922, e um aumento de impostos para 1922, uma medida não propriamente popular. Na função pública, os vencimentos e as promoções estavam congelados desde 1920" (p. 533).

[8] A referência ao "bolchevismo" parece completar a semântica da "Rússia em miniatura", dissolvendo a tonalidade um tanto comercial que a carta passa a tomar desde que Florbela se pôs a dar informações a respeito do aluguel da "casa". Entretanto, o contexto também a explica. Durante "os mandatos presidenciais de António José de Almeida (1920-1924) e Teixeira Gomes (1924- -1926), a sucessão de ministérios de feição democrática deu lugar ao avanço das forças reacionárias e conservadoras, em estreita ligação com a burguesia pouco esclarecida e ávida de negócios que agia eficazmente, sob a direção ou com a ativa colaboração dos monárquicos, que se preparavam para pôr termo à carreira da República" (p. 159); daí que, em tal contexto, se compreenda a "aproximação do bolchevismo" insinuada por Florbela. Veja-se, de Carlos Ferrão, *História da 1ª República* (Lisboa: Terra Livre, 1976).

[9] Tudo leva a crer que Florbela foi ver a casa justificando que seria para uma outra pessoa. Esse estado de clandestinagem da sua relação amorosa parece incomodá--la muito.

[10] Florbela tem razão, novamente, em apodar de "Rilhafoles" à cidade de Lisboa deste momento, como já foi suficientemente indicado. Rilhafoles é o nome do mais conhecido manicômio de Portugal.

[11] Em Lisboa, segundo Rui Ramos (obra citada), "os Democráticos continuaram a contar com os arruaceiros do costume, o 'Grupo dos 13', o 'Centro Radical António Maria Baptista', cheio de marinhagem, e as lojas maçónicas". Os grupos revolucionários civis (os "formigas pretas", os "lacraus", os antigos seguidores de Machado Santos, convertidos em polícias ou em informadores da polícia) "reunidos nos cafés e nas tabernas de Lisboa, serviram, como era de resto sua tradição, todos os chefes republicanos à vez. (...) Assim, entre 1919 e 1921, Lisboa regressou à 'selva', ao reino dos rufias políticos dos cafés da Baixa" (p. 531).

É, portanto, justamente na Baixa que os burburinhos e levantes políticos ocorrem nessa ocasião. Logo se vê o perigo que Florbela correra indo, assim, acompanhada de uma outra senhora, à Baixa, às 10 horas da noite, para "sondar a situação", justo na véspera da queda do ministério Domingos Pereira.

7

{08/03/1920}

8 - Março

António

De volta da Baixa onde passei quase todo o dia, encontrei a tua carta chegada na minha ausência, por conseguinte não respondi logo, tendo apenas deixado a carta escrita ontem à noite para ser entregue, caso chegasse, como felizmente chegou, a tua carta do costume.[1] Não te vi hoje, por quê? E não queres tu que eu te chame urso! Estive o resto da tarde à janela como a Carochinha, e nada...[2] Urso, urso e urso! Tive esperança de te encontrar na Rua do Oiro, visto que às vezes teu serviço te leva para aquelas perigosíssimas paragens...[3] Eu fui ao dentista na Avenida, ao Dr. Antunes dos Santos,[4] à Portugália, à perfumaria Balsemão, a uma casa de luvas, ao Grandela e ao Chiado.[5] Vê que estafante jornada! Quase a volta ao mundo! Fui com a Margarida Campos Melo. Diz ela que toda a gente olhava para mim e que ninguém lhe ligava nenhuma, e eu que não costumo ser vaidosa, tive a criancice de ficar contente porque pensei que é bom que todos os homens olhem aquilo que só pertence a um. *Pertence*, é como quem diz... há de pertencer. Estou tola, não te parece? Como vês, vou-me revelando um razoável poço de defeitos, todos perigosíssimos... *N'est ce pas?*... Que tens feito hoje? Linda a vida, a tua e a minha, não haja dúvida! E assim nos vão correndo os anos melhores da vida! Divertida coisa, na verdade... Enquanto à boa notícia que me dás, nem sei o que te diga. Estou de tal forma indecisa e cheia de coisas que não sou capaz de entender! Toda a felicidade em que me falas, é na verdade grande mas eu, meu amor, não a posso ver como tu e deves compreender isso muito bem. Eu vejo-a através[6] muita desgraça, muito desalento, muita humilhação; vejo-a grande mas através muito desgosto para os outros e muito mal para mim. O mal que tantas coisas, que tanta gente há de fazer-me, meu amigo! Tu queres saber o que penso. Pois bem, nem penso coisa alguma. Sou assim como as folhas que o vento leva, e às vezes é na verdade bom o não pensar. Não sou má, não; sou melhor do que tu pensas, sou melhor do que tu me vês. A nossa casinha e o nosso amor, como tu dizes, encanta{m}-me, mas faz{em}-me chorar e tu bem deves compreender e por conseguinte perdoar tudo. Dizes que o teu amor há-de ser tanto ou maior do que eu quero. Então não é ainda tanto como eu quero? Se não é, então não quero nenhum porque sou das que dizem: tudo ou nada. Dizes cada uma!... Vou amanhã tirar o retrato prometido há 15 dias. Dá notícias sempre; estou sempre em imenso cuidado. Muito amiguinha Bela

PS. Convidaram-me agora para ir ao Cinema Condes, esta tarde. Para lá vou. Se tiveres muita vontade de me ver vai, mas vê-me só de longe. Não vás ao pé de mim, não?

[1] Já se vê que as cartas de Guimarães são entregues a Florbela, em mãos, e que ela aproveita esse mesmo mensageiro (que, saber-se-á depois, é o impedido de Guimarães) para enviar, também em mãos, as suas.

[2] Aparentemente, Guimarães passa pela rua onde vive Florbela, de maneira que ela pode ao menos vê-lo de longe. Como se constata em carta de 06 de março de 1920, ele costuma passar por lá ao final da tarde, depois das 18 horas.

[3] Ela faz graça, mas toda essa região, como vimos, é de fato temerária, razão pela qual ele a advertira a não atravessá-la.

[4] Aparentemente, o dentista é o Antunes dos Santos. Todavia, na próxima carta, se conclui que o dentista fica na Avenida (da Liberdade), e que o Antunes dos Santos é médico. Portanto, aqui, Florbela está citando o dentista e o médico.

[5] A Portugália fica ao lado do edifício do Grandela, um de cada lado do elevador do Carmo (Santa Justa), zona que foi atingida pelo catastrófico fogo, há anos, que destruiu os Grandes Armazéns, que ficavam próximos ao Grandela, na zona chamada do Chiado. A Avenida a que se refere é sempre a da Liberdade, que vai do Rossio aos Restauradores, ao Marquês de Pombal.

[6] Este emprego do "através" que, de início, pode parecer uma gralha da escrita, comparece em seguida da mesma forma.

8

{09/03/1920}

9 Março

António:

A tua carta chegou, como sempre, depois de eu ter saído.
Porque não mandas tu as cartas mais cedo? Até às 2 horas
da tarde estou em casa e aproveito sair cedo quando tenho
alguma coisa a fazer na Baixa, para voltar para casa o mais
cedo possível, porque começa a estar frio e porque é a hora
habitual de te ver. *Habitual*, não é bem assim... visto que
raríssimas vezes Vossa Mercê faz o subido favor de aparecer...
As prevenções e o serviço no quartel roubam-me todo o
teu tempo inexoravelmente. Que linda vida a nossa, não é
verdade? Bem podia eu olhar para todos os lados, inclusive
para o teto, no Cinema Condes onde passei aborrecidíssima
um pedaço da tarde. As fitas sem interesse nenhum, e a ilustre
assistência sem nenhum interesse. *Et voilà*... Não se pode dizer
que fosse uma tarde muito mal passada, não achas? Lembrei-
-me com saudades duma noite em que lá estivemos: Ainda te
recordas? Na verdade, ao meu irmão sucederam todos esses
desastres que me contas e eu já tinha conhecimento de tudo
isso desde ontem à tarde pois na ocasião em que eu estava no
consultório do Antunes dos Santos, foi um marinheiro com
uma carta dele, pedindo ao médico um atestado de doença
que o médico se apressou a passar por eu lhe ter pedido
muito gentilmente, como eu sei pedir quando quero muito
alguma coisa...[1] Ninguém sabe dizer-me que não. Tu verás...
{pequeno espaço antes de continuar a escrever na mesma
linha} Vim hoje para casa relativamente cedo, pois apenas fui
ao animatógrafo e à sapataria Lys comprar uns sapatos. Sabes
quanto custaram? 30$00! Não te assustes, por agora, que é

cedo ainda... {pequeno espaço antes de continuar a escrever na mesma linha} Tempo perdido o que empregas a descompor-me. Eu já te disse que me não ralavam absolutamente nada as maiores descomposturas que me possam dar, por dois motivos: primeiro, porque não tenho medo, e depois porque não costumo ter vergonha; nem um bocadinho pequenino! Com que então tenho areia?! Mas a minha areia é de boa qualidade; parece oiro! E depois, costuma apenas prejudicar-me e nunca os outros. É uma areia ideal, como vês. A vossa prudência e o vosso juízo corrigirão a minha imensa telha, ilustre discípulo da muito sábia e prudente Minerva!... Já viste um artista sem desequilíbrio? Eu nunca vi... e é adorável a loucura quando é bela, e quando palpita numa rajada imensa de grandeza e arte! Não te desconsoles com a minha areia: ela há de saber fazer-te mais feliz, do que o frio e calculado juízo duma menina bem educada... Tenho o santo horror da frieza calculada, da boa educação, do prudente juízo duma mulher.[2] Aos homens pertence tudo isso, e a mulher deve ser muito feminina, muito espontânea, muito cheia de pequeninos nadas que encantem e que embalem. Meu amigo, se esperas ter uma mulher sem areia nenhuma, morres de aborrecimento e de frio ao pé dela e não será com certeza ao pé de mim. Comigo hás de ter sempre que pensar e que fazer. Hás de rir das minhas tolices, hás de ralhar quando elas passarem a disparates (hão de ser pequeninos...) e hás de gostar mais de mim assim, do que se eu fosse a própria deusa Minerva com todo o juízo que todos os deuses lhe deram. Daqui a pouco tens medo de mim! Mas olha que eu sou melhor do que pareço!... Este passeio noturno pela Avenida, tem, porém, a sua explicação, como tudo neste adorável planeta. Eu não sei se terei ainda que ganhar a minha vida e esta exploração *perigosíssima* pela Avenida com toda a luz apagada e com os mil horrores duma noite de projetada revolução, foi apenas para experimentar as minhas faculdades de repórter, que será o meu ofício e para o qual tenho imensa habilidade. Expliquei a contento a minha arrojada exploração?... Não descobri a América mas foi quase a mesma coisa... {pequeno espaço antes de continuar a escrever na mesma linha} Contra as tuas presunções, não tenho a honra de conhecer o senhor deputado Plínio da Silva. Apenas uma vez o vi e não tenho desejos de o tornar a ver pois que me pregou um bom susto com todo o arsenal revolucionário que nos impingiu. Eu devia estar já blindada[3] contra todos os sustos mas como tenho *areia*, vou-me sempre assustando, o que é uma forma de me entreter como qualquer outra. {pequeno espaço no final desta linha} A propósito da casa, seja feita a vossa vontade. *Ça m'est bien égal...* A tua paciência é muito pouco lisonjeira para mim que mereço um pouco mais de impaciência e, por conseguinte, um pouco menos de paciência, como diria o amigo Banana e Monsieur de La Palisse...[4] Agora a sério, meu amor, eu também acho que 15 dias a mais ou 15 dias a menos nada fazem e até mesmo 15 meses ou 15 anos. Eu posso esperar mesmo muito mais e acho até melhor esperar, pois que a paciência é uma bela virtude muito da minha simpatia, se bem que pouco das minhas relações... Às vezes em 15 dias perde-se para sempre a felicidade ou pelo menos a ocasião dela, coisa que muito bem pode acontecer agora. Dizes contentar-te com pouco; é essa, na realidade, a suprema sabedoria mas eu fui sempre a grande revoltada e a grande ambiciosa que só quer a felicidade quando ela seja como um turbilhão que dê a vertigem e que deslumbre! Como nós somos diferentes! Como eu o vejo bem! Não deixaremos de nos entender nem de ser felizes e talvez o sejamos mais por sermos diferentes. Eu e tu completamo-nos mutuamente, e assim tudo está bem e tudo é perfeito. {pequeno espaço no final da linha} Não posso ir amanhã a parte alguma visto que acabo de ter a notícia de que meu pai está em Lisboa. Provavelmente vem para me levar para a charneca e se assim for, lá terei que ir visto que não sou, como tanto quereria ser, uma mulher independente e livre.[5] Chegará mesmo esse dia? Não sei nada, nem posso dizer-te coisa alguma. Em todos os casos, eu sou sempre a mesma, amiga sempre muito sincera

Florbela.

[1] Não é possível saber como Guimarães está a par dos fatos que ocorrem com Apeles, visto ele ter dito a Florbela que não tinha tempo para procurá-lo. Mas, como Apeles está na Marinha, talvez seja por essa via que as notícias lhe cheguem mais rápidas que à Florbela que, apenas por puro acaso, como se vê, tomou conhecimento delas.

[2] Florbela assegura, sempre que pode, o quanto é diferente das outras mulheres: ela quer demonstrar, neste caso, que não professa a cartilha feminina burguesa.

[3] A sensibilidade linguística de Florbela faz-se sempre sentir em suas cartas. Aqui, repare-se a relação semântica que ela encontra entre "arsenal revolucionário" e o vocábulo "blindada".

[4] "Amigo Banana e Monsieur de la Palisse" eram expressões correntes para designar alguém que repete o que toda a gente sabe, tal como no *Candide* de Voltaire.

[5] Não se sabe se esta súbita demonstração do patriarcalismo de João Maria Espanca, por parte da filha, integra o conjunto de veladas ameaças afetivas a Guimarães, a fim de que ele, finalmente, tome a decisão que Florbela parece ter em mente para o relacionamento de ambos.

8'

{09/03/1920}

9 Março[1]

9 e meia da noite

Recebi agora a tua última carta. Tinha escrito já esta que envio. Amanhã responderei com vagar à que recebi agora. {pequeno espaço ao final da linha} Fui ciente que não gostas que eu saia. Está bem.
Sou sempre a mesma,
do coração muito tua
Bela

---

[1] Este bilhete está inscrito na última página da carta anterior e ostenta a mesma data.

9

{10/03/1920}

10 - Março[1]

António[2]

Não posso demorar-me a escrever-te. Estou acabando de almoçar para ir ter com meu pai. Não sei ainda coisa alguma. Amanhã às 5 horas da tarde estarei no Terreiro do Paço na paragem primeira da Rua do Arsenal. Desta vez iremos ao Dafundo! Tu sempre me fazes fazer coisas tão extravagantes! Até logo.
Saudades da
Bela

---

[1] Este bilhete está inscrito na última página da carta anterior e ostenta a mesma data.
[2] Bilhete redigido às pressas, na quarta-feira, dia seguinte à carta e ao bilhete anteriores.
Florbela vai se encontrar com seu pai depois do almoço e desconhece quais são as decisões dele para com ela. Combina, pois, o encontro com Guimarães para amanhã, quinta-feira, encontro que, certamente, vai ocorrer por meio daquele "semelhante processo" que a desagrada tanto (e ela menciona-o como parte das "coisas extravagantes" que Guimarães a leva a fazer), ou seja: viajar com Guimarães até o ponto final do elétrico para regressar ao ponto inicial. Desta feita, ela tomará a condução no centro da cidade, e irão até o Dafundo, região considerada fora de Lisboa — a mais distante de todas a anteriores. O trajeto dá a impressão de que o assunto a tratarem será muito alongado...

10

{11/03/1920}

11 Março

António

São 11 horas da manhã e tenho que sair com a Margarida. Tenho imenso que falar contigo pois surgem novas dificuldades. Não é a nossa vida tão divertida?...[1] Se à noite estiveres livre, posso ir ao Coliseu pois já falei com a Elisa. Manda dizer. Podias esperar-nos às 9 horas na paragem da Rua Ferreira Lapa.[2] Manda dizer cedo se podes ou não.

Tua
Bela.

{acima na mesma página} E o açúcar[3] grande urso?

---

[1] Florbela já esteve com o pai e portanto tem novidades a contar a Guimarães. Aquele encontro marcado para hoje, o de ida ao Dafundo de elétrico, parece não ser mais factível.

[2] Outro encontro é agora agendado para a noite, às 9 horas, para irem ao Teatro Coliseu, que fica nas imediações da Avenida Liberdade, próximo ao Cinema Condes. Além da Margarida, a outra conhecida com quem Florbela sai (e que também parece estar a par do relacionamento dos noivos) é esta Elisa, a quem se refere pela primeira vez. Como se vê, as aparências sociais obrigam Florbela a se fazer sempre acompanhar quando sai para se encontrar com Guimarães; fato que apenas não ocorre quando vai tomar o elétrico.

[3] A palavra "açúcar" é, no contexto destas cartas, um tanto enigmática, e se repete por algumas vezes. Pode-se tratar, prosaicamente, de açúcar (de cana), como se verá. Mas também pode remeter a um código amoroso entre ambos e significar — quem sabe? — doçura, carinho, beijo, agrado.

11

{11/03/1920}

11 Março

António[1]

Contra o que esperavas, a carta não estava ainda escrita por muitíssimas razões estando todas incluídas numa: falta de tempo. Fui ontem ao teatro voltei para casa à 1 hora e hoje levantei-me tarde e fui à modista de chapéus.[2] Agora estava acabando de almoçar e tencionava ir escrever-te apenas acabasse. Às 5 horas lá estarei, se houver elétricos; se não houver espero-te na paragem da Rua Ferreira Lapa ao Conde Redondo, mas não saias de lá; peço-te a fineza de te conservares o mais quietinho possível e de te encheres da máxima paciência. Pelo amor de Deus não me faças ir a um sítio ou outro, caso não apareças. Seria uma enorme sensaboria. Até logo. Saudades da Bela

---

[1] Bilhete escrito no mesmo dia que o bilhete anterior, portanto, numa quinta-feira, respondendo abreviadamente a carta de Guimarães que chegou à Florbela.
[2] Certamente acompanhando Margarida Campos Melo, quando deve ter saído de casa às 11 horas, depois de ter escrito o bilhete anterior.

12

{11/03/1920}

11- Março

António

Estou a escrever-te, 10 horas da noite, já na cama e estou atrapalhadíssima com todo o arsenal de bugigangas que é necessário para escrever a carta mais simples. Com certeza que o tinteiro ainda vai pintar a colcha talassa,[1] apesar da excessiva cautela com que eu estou e os mimos com que o trato. O pior, é que eu não posso estar um bocadinho quieta... Enfim, será o que Deus quiser! Amanhã receberás, enfim, uma carta em termos, porque tenciono agora responder às tuas duas últimas cartas. Desta vez as tuas previsões saem certas (caso raro e nunca visto...) As tuas previsões, meu amor, são como as previsões astronômicas: presume-se bom tempo, vem chuva, presume--se chuva, faz um sol ardentíssimo!... São assim uma espécie de Borda d'Água.[2] {pequeno espaço} Então, Vossa Mercê digna-se mostrar satisfeito do passeio a Cochinchina? Eu estou fatigadíssima, e nem as extravagantes e complicadíssimas viagens de Júlio Verne, nem mesmo a da lua ou a das cinco semanas em balão, me poriam mais estafada e me dariam maior vontade de criar raízes num qualquer sítio. Parece-me que me curei da minha paixão pelo eterno movimento, e que estou uma menina pacata e bem educada, pelo menos por três dias; achas pouco?...[3] {pequeno espaço} Mando-te uma crítica feita ao meu livro, para que vejas como eu sou uma pessoa ilustre, dum talento nunca visto, dum talento raro, quase tão grande como o do Romão Gonçalves![4] E não te esqueças do açúcar que te pedi, não? Olha que é com pressa! Bem sei que ser com pressa para ti é uma coisa perfeitamente à parte: a *pressa* entra num período que pode ir de dois a cinco anos... Grande lesma!... Não franzas a testa, nem refiles... Já a minha avó dizia: A verdade manda Deus que se diga. {pequeno espaço} Não te esqueças da carta para o Correia d'Oliveira, não? Agora vou responder às tuas cartas, com muito juízo, conscienciosamente. Falas-me no retrato. Já disse, pelo menos seis vezes, que ia amanhã. Ora este "amanhã" é que pode ser todos os dias... Pode ser sempre "amanhã"... Muito a sério, é decididamente amanhã, dia 12 de março de 1921... {sic}[5] Se houver carros... A respeito da péssima impressão que os meus passeios solitários te deixam, tenho a dizer-te que tenho muito tempo de estar emparedada e que eu saiba não fiz ainda mal a pessoa alguma em planeta algum... Além disso {...} quando saio não é para passear, e só vou à Rua do Ouro quando lá tenho que fazer... Percebeu Vossa Mercê? Desejo muito que tenha percebido... A pulseira arranhou-me agora. Não ficou satisfeita com a frase que escrevi. Talvez tenha razão... Não te esqueças de conservar preciosamente a preciosa aliança de noivado... Conserva-a bem junto aos meus retratos, sim?[6] {pequeno espaço ao fim da linha} Sou bem diferente, sou, das outras mulheres todas. Eu quero antes os meus defeitos que as virtudes de todas as outras. E sou tão amiguinha tua! É espantoso como eu me prendi assim a ti, eu que imaginava ter morrido, incapaz de sentir por alguém o mais pequenino interesse bem vindo do coração. Tenho em toda a minha vida sido galanteada por muita gente, muitos homens me têm feito a corte e tenho tido um convívio enorme com rapazes; tenho conhecido homens inteligentíssimos, meus amigos sinceramente; homens de valor, homens de talento, homens duma lealdade a toda a prova, e nunca senti ao pé de nenhum a impressão de segurança, de bem estar que sinto ao pé de ti. Parece que me proteges de tudo que me livras de todos os males, e tenho às vezes a ideia de poisar a minha cabeça no teu peito e, como se fosse pequenina, adormecer ali tranquilamente. Há tanto tempo que não sentia em volta de mim a ternura cheia de afeto duma pessoa amiga! Agora tenho no mundo alguém, alguém que vive por mim mais do que por toda a gente. É bom sentir isto, não é? Muito tagarelei eu hoje, não é verdade? Tu não entonteceste? Não te dói a cabeça? Não estás doente? Eu não consegui endoidecer-te? Com certeza que algum destes desastres aconteceu! Foi o último passeio, o último que daremos nestas condições. Não quero mais. Parecemos bandidos perseguidos por um qualquer Sherlock Holmes. Arranja alguma lesão de coração com essa brincadeira. Sempre o coração aos pulos como um leão dentro da jaula. Não... Como tu muito bem dizes há tempo para sair juntos sem recear maus encontros. Depende tudo agora só de ti e de mais ninguém. Que tu és muito indolente, lá isso és! Muito português, muito "amanhã se Deus quiser" é raça! É árabe, é lusitaníssimo, tudo isso; mas é muito desanimador e muito lesma! O costume português é deixar-se tudo em palavras mas palavras que são bolas de sabão deitadas ao ar para distrair pequeninos de seis anos. Lembra-me logo a frase tão profunda e tão verdadeira de Shakespeare: *"Words... words... and only words..."* O meu passeio a Badajoz é que ficou em palavras mas por estes dias planea-se um outro a Vigo. Também em automóvel. A esse é que eu vou, pois não vou? {pequeno espaço} Não te esqueças do açúcar, meu grande urso. Vou ainda ler, um bocado, um livro que me interessa imenso, um drama de Ibsen, do grande poeta norueguês. Poesia nebulosa, cheia de vago e sonho, onde há crepúsculos cinzentos torturados e nostálgicos, parecendo soluçar, poesia que eu sinto e que eu entendo, como se por vezes a alma de Ibsen andasse a soluçar dentro de mim.[7] Meu amor, adeus. Até amanhã. Leste já alguma coisa do livro que te emprestei? Preguiçoso! Passas o tempo a dormir e a sonhar... com a Rita.[8] Saudades, saudades, saudades

Bela

Quando por aqui passares não pares nunca. Depois te direi porquê. Passa a pé ou a cavalo, de trem, de automóvel ou de aeroplano mas vê-me de longe sempre. *Bela*

PS. O tinteiro não se *entornou*!

[1] Colcha monárquica? Da época da monarquia? Ou a colcha seria monárquica porque atrapalha a escrita da carta a um republicano? Ou ainda porque pertenceria ao enxoval da casa onde se hospeda, cujos donos seriam monárquicos?

[2] Trata-se do *Almanaque Anual de Pressões Atmosféricas* que, pelo visto, como os atuais serviços de meteorologia, jamais acertava nas suas previsões.

[3] Florbela se refere, como se nota, ao passeio de elétrico, encompridadíssimo, que a Guimarães deu prazer.

[4] Difícil saber de que crítica se trata. No espólio pessoal de Florbela, depositado na Biblioteca Nacional de Lisboa, que hoje se encontra na Biblioteca Pública de Évora, e que contém seus guardados justamente da época em que viveu com Guimarães (e que se achavam em posse dele), encontram-se alguns recortes com críticas ao *Livro de mágoas*. Uma delas situa-se na seção de "Livros e Publicações" de um jornal que não é possível identificar, e que afirma que o livro é "um verdadeiro mimo" e que Florbela imprime "a seus versos toda a ternura, todo o sentimento de uma alma de mulher". A outra, também sobre o mesmo livro e que também data desta época, é mais séria e competente, assinada por Gastão de Bettencourt, em *O Azeitonense* de 8 de fevereiro de 1920. E nela se lê que o livro é um "missal de amargura que a nossa alma compreende, sente e partilha, subindo numa ascensão maravilhosa em que suavíssimos cânticos nos envolvem". Nesta obra "crepita a alma viva do sentimento, onde floresce uma imaginação que vive adentro do mundo espiritual lutando por atingir a Beleza máxima". Florbela é, portanto, "uma poetisa porque sente, porque vive adentro dos seus versos"; e ela não verseja somente, ela "retrata a sua Dor e a sua Dor é aquela que nos acompanha desde o despontar da existência, talvez a Saudade da Outra Vida, daquela que condensa a suprema Perfeição".

[5] Florbela comete um lapso de tempo? O amanhã é 12 de março de 1920 e não de 1921. Mas, o mais provável é que ela esteja brincando com Guimarães, imitando ter a mesma "paciência" que ele.

[6] Possuiriam os noivos uma aliança secreta que não pode ser ainda usada? Não, penso que nesse passeio encontraram algum objeto que ficou simbolicamente registrado como "aliança de noivado", visto que Florbela parece estar brincando, pois que usa uma hipérbole para designá-la: "preciosamente a preciosa aliança".

[7] Apenas através desta correspondência fica comprovado que Florbela conheceu a obra de Ibsen e foi dele admiradora.
Henri Ibsen (1828-1906), dramaturgo norueguês, escreveu, em meio século, cerca de trinta peças. Difícil saber a qual delas se refere Florbela, talvez a *Brand* (1866), poema dramático não destinado à cena, ou a *Peer Gynt* (1867), drama filosófico e social, exaltando o individualismo; quem sabe, ainda, a *Casa de Bonecas* (1879), uma das suas obras mais divulgadas, ou ainda a *Os Espectros* (1881). Quem sabe?

[8] Rita, como se verá, é a ex-noiva de Guimarães.

13

{12/03/1920}

12 Março

António

Vou agora tirar o retrato e vou em seguida à Portugália trocar uns livros. Estarei lá às 3 horas e meia e se quiseres, diremos alguma coisa. Vou trocar os livros, não à livraria mas à porta de cima que não sei que número tem. Das 3 horas e meia para as 4 horas lá estarei. Enquanto a passeios já disse que não vou a mais nenhum. Há tempo. À noite responderei com vagar à tua carta.

Tua

Bela

14

{13/03/1920}

13 – Março

António:

Principio por te dizer que é 1 hora da noite e que tenho
sono, de forma que esta carta será sonolenta, aborrecida,
monótona e tola. Vê que delícia de programa!... Esta noite
convidaram-me para ir ao teatro, mas apesar da imensa
vontade que eu tenho de passar uma noite fora do covil, não
fui; e não fui, para não ter amanhã que discutir contigo e
para não ter que te arreliar, meu pobre preso sem culpas.[1] Os
outros que façam as zaragatas e vocês que paguem! Justiça
e lógica deste lindo planeta em que existimos, antes viver
na lua! É lá, afinal, que eu vivo a maior parte do tempo...
{pequeno espaço} Pois foi hoje a última vez que tive o gosto
de andar contigo nas ruas de Lisboa, juro. Muito tempo
haverá, na nossa vida, para nos enchermos de passeios aos
olhos de toda a gente. Em breve poderei sair contigo e se
me não apetecer sair de dia, sairei de noite que é ainda mais
poético e mais cômodo; não és da minha humilde opinião? Tu,
afinal, com o teu muito amor por mim, mostras precisamente
o contrário, visto que me podes prejudicar o mais possível
e afinal por uma coisa sem importância nenhuma mas a que
todos os outros, na sua estupidez, acharão imensa. E, de
resto, eu ando sempre contrariadíssima, em parte alguma
estou bem e mostro-me, por conseguinte, desagradável e
impertinente, coisa que eu não sou absolutamente nada.
Chego muitas vezes a ser malcriada e hoje, por exemplo,
estava verdadeiramente insuportável. Desta forma, não
achas melhor adiar os nossos passeios por algum tempo?

93

É melhor, muito melhor por tudo.[2] Obrigada pelo chá e pelos bolos; hei de pagar-lhe tudo isso, um dia que, se Deus quiser, virá bem perto. Sou muito tua amiga, sabes? E tenho a certeza que tu és o meu maior amigo, o mais dedicado, o melhor de todos. Como eu o vi hoje bem! Como tu és leal e bom! Tão diferente de todos os outros homens que para te pagar o que no futuro hei de dever-te, será pequena a minha vida inteira, mesmo que ela seja imensa. Os outros, amando as mulheres, são, como os gatos que quando acariciam, é a eles que acariciam. Amar não é ser egoísta, é tantas, tantas vezes o sacrifício de nós próprios! A dedicação de todos os instantes, um interesse sem cálculo, uns cuidados que em pequeninas coisas se revelam e o pensamento constante de fazer a felicidade de quem se ama. É assim que eu compreendo e que eu sonho um grande amor que nunca se esqueça. Em tão pouco tempo, como pudeste tu gostar de mim, assim como gostas? Gostaste assim da Rita, assim da mesma forma, assim da mesma maneira? E no entanto, meu querido amigo, talvez melhor te fosse casares-te com ela! Ela sempre é uma rapariga com a alma nova, sem recordações, sem saudades. Hei de ter dias, em que todo o teu afeto não conseguirá arrancar-me a mim mesma. A grande alma revoltada, a grande alma de artista que aprendeu a conhecer a vida, há de sentir-se triste em muitas, em muitas horas! Tu serias talvez mais feliz com a Rita, ela talvez fosse capaz de te fazer mais feliz. A tua alma é simples, tanto quanto a minha é complicada. Tu és simplesmente lealmente um homem, e, eu... eu sou uma mulher, e uma criança, e uma artista que se julga alguém. Vê, meu amor, que complicação! No entanto, ama-se quem se ama e não quem se quer amar: Já Pascal diz *"le coeur a des raisons que la raison ne connait pas"*. E é assim que em vez de casar com a Rita, que te poderia fazer feliz, casas comigo que talvez não seja capaz disso. E afinal por que é que eu valho mais do que ela? Por quê?... De que vale no mundo ser-se inteligente, ser-se artista, ser-se alguém, quando a felicidade é tão simples! Ela existe mais nos seres claros, simples, compreensíveis e por isso a tua noiva de dantes, vale talvez bem mais que a tua noiva de agora, apesar dos versos e de tudo o mais. Ela não seria exigente, eu sou-o muitíssimo. Preciso de toda a vida, de toda a alma, de todos os pensamentos do homem que me tiver. Preciso que ele viva mais da minha vida que da vida dele. Preciso que ele me compreenda, que me adivinhe. A não ser assim, sou criatura para esquecer com a maior das friezas, das crueldades. Eu tenho já feito sofrer tanto! Tenho sido tão má! Tenho feito mal sem me importar porque quando não gosto, sou como as estátuas que são de mármore e não sentem.[3] Dizes porque digo eu coisas dos homens que na vida gostaram de mim e que foram apenas meus amigos. Porque não hei de falar! Falo disso como posso falar duma fita de animatógrafo vista há dez anos. Nunca fui bonita, e sempre vi em volta de mim mais rapazes do que talvez nenhuma rapariga visse em toda a vida, e, como vês, sou hoje a criatura mais desprendida de tudo isso que tu poderias ter encontrado no teu caminho. Se tu soubesses a pouca importância que eu sempre liguei a todas essas coisas! A toda essa gente! Julguei gostar dum homem em toda a minha vida e afinal nem desse gostei porque o esqueci em menos tempo do que uma criança leva a esquecer uma boneca partida. De ti gosto muito e porque vejo em ti aquilo que nunca encontrei: a máxima lealdade com a máxima ternura, feita de verdadeiro interesse pela minha felicidade, tanto como pela tua. Impossível pedir mais a um homem que é o animal mais egoísta que pisa a terra! Nunca serei ingrata e nunca por querer te farei mal. Porque nos encontramos nós? Estranha coisa o destino das nossas vidas, não é? Que elas andem sempre juntas e que nunca sonhem caminhos diferentes quer eles sejam tapetados de rosas, quer as saudades e os lírios roxos os vistam de mágoa e de tormento. Não é assim, amor meu? {pequeno espaço} Ainda bem que gostou da crítica feita ao livro: Prova isso apenas, que tem muito bom gosto... a propósito do passeio a Vigo, agradeço a licença concedida hoje na Padaria Inglesa.

És gentilíssimo e muito boa pessoa... Tu então comparas a pressa de passares a vida junto de mim, com a pressa em tirar o retrato?!!... Ora, não há!... Lá nas matemáticas que tu estudaste, comparavam-se coisas diferentes?... Urso, urso, urso! Escreveste a frase em sonhos, com certeza... ou, então, com febre... {pequeno espaço} Não te esqueças de ir buscar as provas terça-feira e olha que eu quero vê-las nesse mesmo dia. Ouviste, meu urso pequenino? Perguntas-me a quem são dedicados alguns dos meus sonetos.[4] Apenas dediquei um, a um rapaz de quem sou bem amiga[5] e que tinha publicado no livro dele: "Sol Poente"[6] uma bonita poesia dedicada, muito gentilmente, a mim, e que intitulou "Princesa Desalento".[7] Está satisfeita a curiosidade?... Ainda bem. Quero açúcar, já disse, já disse, já disse, já disse.

Saudades. Gosto de ti.

Bela

[1] Lembrar a expressão "emparedada" da carta anterior para designar a situação de solidão e de clausura em que se encontra, e que se alia, agora, à de aprisionada ao "covil". Ao mesmo tempo que acusa implicitamente Guimarães por sua clausura, também entende a situação dele, "preso sem culpas", visto que a Guarda Nacional Republicana o mantém ocupado todo o tempo, mercê da situação política portuguesa, extremamente instável.

[2] Muito embora tivesse, no bilhete anterior, reiterado a determinação de não sair mais com Guimarães naqueles passeios de elétrico, Florbela, pelos vistos, não manteve a palavra. E agora insiste novamente, dando por encerrada essa fase que a maltrata tanto e que a torna mal vista pelos outros.

[3] Florbela não disfarça nem o seu narcisismo e nem o seu egoísmo. Afirma-os com naturalidade e sinceridade. Ela pede dedicação total e incondicional, sob a pena de ser cruel e de extirpar o amante da sua vida.

[4] Não é possível saber a que sonetos refere-se Guimarães. Florbela havia lhe oferecido, como se viu, e com dedicatória, um exemplar do *Livro de mágoas*; depois, oferecer-lhe-á um manuscrito intitulado *Claustro das quimeras* (depositado na Biblioteca Nacional de Lisboa e hoje na Biblioteca Pública de Évora) manuscrito que compreende uma das primeiras versões de *Livro de Sóror Saudade*, contendo 30 sonetos.

Dos autógrafos conhecidos, um outro manuscrito (outra das anteriores versões do mesmo *Livro de Sóror Saudade*, e também depositada hoje na mesma Biblioteca), que começa com o soneto "Livro do nosso amor" (e ao qual vou

referir, doravante e impropriamente, por tal título), contendo 35 sonetos —
também deve ter chegado ao conhecimento de Guimarães. Mas, supostamente,
esses dois manuscritos (pelo menos o *Claustro das quimeras*) seriam posteriores
à data desta carta, de maneira que é muito provável que Guimarães se refira,
portanto, ao *Livro de mágoas*. Já o manuscrito inaugural de Florbela, intitulado
"Trocando olhares", é provável que esteja fora dessa cogitação, pois que o
montante de poemas nele existentes não inclui apenas sonetos. Em todo o caso,
as únicas dedicatórias ali contidas são as seguintes: "No Hospital" é dedicado "`a
Thea"; "Filhos" é dirigido "A Exma. D. Glória Lomba"; "Anseios" é dedicado
à Julinha Alves; "Escuta" é dirigido "a Beatriz Carvalho"; e o ciclo final de
sonetos é dedicado "Ao grande e estranho poeta A. Durão".

Ora, a primeira edição do *Livro de mágoas* traz, portanto, as dedicatórias a seguir:
o livro todo é dirigido "A meu Pai Ao meu melhor amigo" e "À querida Alma irmã
da minha Ao meu Irmão"; o soneto "A minha Dor" é dedicado enigmaticamente
"A Você"; "Pequenina" é dedicado "À Maria Helena Falcão Risques"; o soneto
"A maior Tortura" é também enigmaticamente dedicado "A um grande poeta de
Portugal" que, todavia, pode ser identificado como Américo Durão, visto que,
em "Trocando olhares", tal soneto, presumivelmente escrito mais ou menos em
24 de abril de 1917, comparece, como já referi, oferecido nominalmente a ele,
o que não impede que Florbela tenha mudado o oferecimento depois, aquando
da publicação do livro. (A propósito do manuscrito original, consulte-se a minha
edição de *Trocando olhares* (estudo introdutório, estabelecimento do texto e
notas de Maria Lúcia Dal Farra), já citada.

Em todo o caso, a única dedicatória que consta no referido manuscrito *Claustro
das quimeras* é a do soneto "O meu mal", dirigido "Ao meu irmão". A única
dedicatória constante do manuscrito *Livro do nosso amor* é o soneto "O meu
Nome", que está dirigido "A A.D." (sem dúvida, Américo Durão, pois que
este soneto é a resposta de Florbela ao soneto que ele lhe dirigiu e no qual a
nomeia "Sóror Saudade" — soneto transcrito aqui, em páginas anteriores). Já,
no posterior *Livro de Sóror Saudade*, são estas dedicatórias encontradas na sua
primeira edição: "A Américo Durão" no soneto de abertura do livro, o "Sóror
Saudade" (título que substitui, agora, o título do soneto "O meu Nome"): "A
A.G." (A António Guimarães, claro está!) o soneto "O nosso Livro"; "A Buja" o
soneto "Alentejano"; "A meu irmão" o soneto "O meu mal"; "A Raul Proença"
o soneto "Prince Charmant"; "A Aurora Aboim" o soneto "Ódio?".

[5] No dia 04 de abril de 1919, saíra em Lisboa, pela Imprensa Libânio da Silva, o livro
de poemas *Sol poente*, de João Botto de Carvalho, contendo um poema intitulado
"A Princesa incompreendida", dirigido "Para a Senhora Dona Florbela Dalma"
(pp. 37-40). Certamente é a Botto de Carvalho que Florbela se refere agora;
todavia, o título do poema que ela indica a Guimarães não confere com o dele,
mas sim com o que ela deve ter feito em resposta ao dele, aliás, dois, que seriam
publicados posteriormente no *Livro de Sóror Saudade* e que já comparecem nos
dois apontados manuscritos da altura. São eles os sonetos "Princesa Desalento"
e "Sol poente", claras alusões ao livro de Botto de Carvalho.

[6] Apenas no póstumo *Charneca em flor*, Florbela publicaria um soneto dedicado
a ele: trata-se de "Panteísmo". Botto de Carvalho foi contemporâneo dela na
Faculdade de Direito da Universidade de Lisboa, e, pelo testemunho de José
Gomes Ferreira, também muito seu camarada (confira-se, do autor, o já citado
"Encontro com Florbela"). No transcorrer desta correspondência, teremos
oportunidade de conhecer dois textos seus relativos à poesia de Florbela,
ambos integrando os guardados que ela deixou em casa de António Guimarães
(hoje, pertença da Biblioteca Nacional de Lisboa, depositados na Biblioteca
Pública de Évora). Reproduzo o seu poema dedicado à Florbela ("A Princesa
incompreendida") e publicado em *Sol poente*:

97

Eternamente incompreendida e misteriosa
E dolorida e caprichosa
E impaciente
Caminha no jardim fantástico da Vida,
Incompreendida e dolorida
A Princesinha doente.

Leva caídas e desmaiadas
E adormecidas e descoradas,
Ao longo do vestido,
As suas mãos de Morta, transparentes.
Frias e tão esguias, como um lírio caído,
As suas mãos doentes.

O rosto erguido ao céu, olhar no céu,
Em busca dum fulgor que não existe,
Eterna incompreendida e sempre triste,
Banhada no luar como num véu,
Perde as noites em sonhos, perde os dias,
E não encontra nunca as suas alegrias.

Adora a violeta...
Sorri-lhe e a brincar chama-lhe sua irmã.
Esquecida, desmaiada, sobre o leito
Nunca vê nascer o Sol pela manhã...

É quente e sensual, nervosa e esteta,
Constantemente irrequieta,
Sensual e ardente.
Tem um bucinho negro impertinente
E sombras de veludo sobre o peito.

Deseja qualquer coisa que não vê
Que não sabe o que é e não conhece.
Faz versos que ela anima e que ela aquece,
E sente os versos que lê.

Débil, anémica e fria,
Olhos negros, vincados, olheirentos,
— Estátua do cansaço de viver —
É a Princesa da Nostalgia
Do país dos desalentos...
... E quer morrer.
E as suas mãos de Morta, amareladas,
Caídas ao comprido,
Abandonadas,
Repousam entre as pregas do vestido.

Frio e esguio, num dos seus pulsos,
Finos, nervosos, convulsos,
Terrível, pequenino e inapagável
O primeiro sinal dum suicídio em vão...

Firme, inalterável,
Como vontade sublime e acesa
da Princesa Desolação.

E procurando atormentar
A cada instante o coração adormecido
Passeia no jardim fantástico e florido
A Princesinha à luz do Luar.

E sonha — que sei eu? — com qualquer cousa
Que possa amortalhar-lhe o coração,
Pesada e fria como a fria lousa,
Solene como o aspecto de um caixão.

E a Princesinha, as suas mãos adormecidas,
Frias como defuntas,
Tombadas juntas
Sobre o vestido
Passeia no jardim fantástico e florido.

E distraída, incompreendida e misteriosa
E dolorida e caprichosa,
A meditar, o olhar vago,
Ao pé dos cisnes e do repuxo
Que orvalha as folhas do buxo...
... Passa o resto da noite ao pé do lago...

[7] Reproduzo o poema de Florbela "Princesa desalento", tal como se achava autografado no manuscrito *Livro do nosso amor* (segundo cogito, a mais antiga das versões do *Livro de Sóror Saudade*):

Minh'alma é a Princesa Desalento,
Como um Poeta lhe chamou um dia;
É revoltada, trágica, sombria,
Como galopes infernais de vento!

É frágil como o sonho dum momento,
Soturna como preces d'agonia,
Vive do riso duma boca fria!
Minh'alma é a Princesa Desalento...

Altas horas da noite ela vagueia...
E ao luar suavíssimo, que anseia,
Põe-se a falar de tanta coisa morta!

O luar ouve a minh'alma, ajoelhado.
E vai traçar, fantástico e gelado,
A sombra duma cruz à tua porta!...

15

{14/03/1920}

Querido[1]

É 1 hora e meia e o impedido ainda não veio. Estou em cuidado. Vou sair e peço-te que se o impedido vier e te levar esta carta, me telefones.

Tua Bela

---

[1] Bilhete escrito no dia seguinte (domingo) à carta anterior, não lacrado, entregue em mãos e contendo a seguinte inscrição: "Alferes António Guimarães". Já se sabe, pelas informações aqui contidas, que o horário do impedido de Guimarães chegar à casa onde vive Florbela é, no mais tardar, 13h30, pois que ela já começa a estranhar a demora de hoje. A carta que ele levará é (supostamente) aquela escrita no sábado, a anterior. É a primeira vez, nesta correspondência, que se aciona o telefone para comunicação entre os amantes.

16

{14/03/1920}

14 Março

Exmo. Sr.[1]

A carta de Vossa Mercê é muito atrevida... Nem merece resposta! A respeito do passeio, disse já o que tinha a dizer. A mulher do animatógrafo não dá licença absolutamente nenhuma.[2] Que tal está o urso! Não saio hoje. Fica o menino contente? Ora, ainda bem! O passeio a Vigo[3] fica para amanhã, pois?

Adeus. Até amanhã.

Saudades da

Bela

[1] Bilhete escrito no mesmo dia do bilhete anterior, ou seja, no domingo, portanto, depois da chegada do impedido que deve ter trazido à Florbela a carta de Guimarães que ela comenta agora.

[2] Tudo indica que Guimarães propõe, de novo, o famigerado encontro no elétrico, coisa que Florbela não admite mais. Um tanto enigmática é essa expressão "a mulher do animatógrafo".

[3] Teriam ido, de fato, ao passeio a Vigo, no dia seguinte? Os biógrafos dizem que Florbela nunca saiu de Portugal...

17

{17/03/1920}

17 Março

António[1]

Vem, como ontem, às 10 horas e meia. Pode ser? Logo respondo à tua carta sem falta numa carta grande.

Muito amiga

Bela

---

[1] Bilhete redigido dois dias após o bilhete anterior do domingo. Hoje já é quarta-feira; a ausência de correspondência entre o domingo e a quarta-feira pode indicar a viagem dos amantes a Vigo? Mostra, pelo menos, que eles têm se encontrado mais assiduamente durante esses dias, razão por que não precisam se valer tanto da correspondência escrita, uma vez que dispõem, agora, também do telefone. Florbela dá, todavia, sinal de que Guimarães lhe escrevera, já que ela promete lhe responder numa "carta grande".

18

{17/03/1920}

17 Março

António[1]

Tenho imensas coisas que te dizer e não sei o que hei de dizer, tão arreliada estou e tão sem cabeça para pensar a coisa mais insignificante deste mundo. Que linda noite, tu vais passar, Amigo querido! E eu? A pensar que a maldade e a estupidez desta vida que no nosso desgraçado país é um horror, me pode fazer o mal maior que a alguém se pode fazer. Tenho medo, tenho medo, meu amor. Este desassossego contínuo põe-me doente e faz-me doida. Então eu hei de passar a minha triste vida a tremer por ti?[2] Eu tenho pouca sorte, e quando enfim encontro no meu caminho alguém que gosta de mim, por mim, como se deve gostar, que pensa na minha felicidade, no meu sossego, alguém que se digna ver que eu tenho alma a sentir, quando encontro enfim no mundo o que julgara não encontrar nunca, hei de andar como o avarento a tremer pelo tesoiro que levou anos, uma vida inteira a conquistar e que lhe podem roubar num momento. Eu tenho pouca sorte! Que Deus tenha piedade de mim. {pequeno espaço no final da linha} Quereria dizer-te muitas coisas mas nem sei o que; só tenho vontade de chorar e de gritar desesperadamente, com a cabeça enterrada nas almofadas para ninguém me ouvir. Se tu não tivesses vindo hoje, o que seria de mim, toda esta imensa noite sem saber de ti. E quantas noites hei de eu passar assim! É impossível que eu resista muitos anos à vida passada assim. Antes Deus me leve depressa, depressa, depressa. O que estás tu agora a fazer, amor? São quase 2 horas e estou ansiosa a querer ouvir não sei o que, a querer escutar, a querer adivinhar o que lá fora se passa. Uma porta que se fecha, um cavalo que passa a galope, um grito, sobressaltam-me como se um perigo imenso me ameaçasse. Amanhã, se isto estiver assim, se estiveres de prevenção, não vou ao teatro, com certeza. Como posso eu aturar aquilo? Para estar a aborrecer os outros, é melhor ficar em casa a tremer como uma pateta que sou. Mas eu tremo por ti que és o meu único amigo, que és o meu noivo, aquele que só pensa em mim e na felicidade de toda a minha vida. Em mim não me afadigo a pensar. Não há meio de morrer, de desaparecer por uma vez, bem coberta de terra, bem esquecida de todos. De ti, não. Sou má, perdoa--me. Tenho a certeza que me mandarias crisântemos brancos e rosas vermelhas que são minhas flores prediletas.[3] Tenho a certeza que não me esquecerias. Mas tu não queres que eu fale nestas coisas, pois não? Falemos antes da nossa casinha, do nosso ninho que há de ser como aquele de que falavam os rouxinóis:

> "O nosso ninho é pequeno
> Mas chega bem para dois."

Não é assim, meu amor? A propósito de casa, quero falar contigo para ver se te convém uma coisa que pensei e em que já falei aqui à Margarida. Amanhã te direi ou quando puder ser. Manda notícias, sim? Ama-te muito a tua Bela.

[1] Carta escrita no mesmo dia, na mesma quarta-feira do bilhete anterior. Deve ser, portanto, a prometida "carta grande".

[2] O tom da carta mostra que Florbela está, de fato, muito desassossegada: inquieta com o fato de não poder contar com a presença de Guimarães, de não poder encontrá-lo, e verdadeiramente preocupada com o bem-estar dele que, como alferes da GNR, corre risco de vida nesse estágio em que se encontra a vida política portuguesa. Das últimas cartas para esta, tal sentimento, acrescido ao de temor, se adensou consideravelmente.

[3] No poema de Botto de Carvalho, falava-se em "violeta" como a sua flor adorada; em muitos momentos da sua obra, também se vê o quanto aprecia as flores roxas; todavia, aqui, ficamos a saber que são crisântemos brancos e rosas vermelhas as suas flores preferidas. Há, alias, no manuscrito "Trocando olhares" um soneto intitulado "Crisântemos". Também publicado em 16 de agosto de 1916 em *Modas & Bordados*, e em *Notícias de Évora* em 24 de agosto do mesmo ano, há o soneto "Rosas".

Florbela tem o hábito de entrar, de repente, para a tonalidade mórbida que, certamente a levou a várias tentativas de suicídio e que a levará à morte. Isso nela não é fingimento e nem pose: é apenas uma inflexão natural, como aqui se constata.

19

{19/03/1920}

António[1]

Obrigada pela tua carta. Amo-te.[2] Estou doente e ener-vadíssima. Esteve aqui o médico há bocado; mandou-me descansar um pouco pois estou num estado medonho de excitação, nem eu sei bem por quê. Vou pois deitar-me. Até que Deus queira pois não sei se me poderei levantar amanhã.

Tua

Bela

---

[1] Bilhete escrito um dia depois da última carta, portanto, na sexta-feira.
[2] Florbela parece estar cada vez mais apaixonada por Guimarães: observe-se a declaração à queima-roupa. O coquetismo desapareceu, desde a última carta, e deu lugar a uma viva inquietação a respeito do noivo, excitação que descambou para a doença que a deixou, agora, de cama.

20

{20/03/1920}

20 Março

António[1]

Vou almoçar para depois sair. Vi no *Diário de Notícias* pouca coisa que nos pudesse servir. Apenas um anúncio dizendo isto: "Trespassa-se bom 2° andar. Bairro de Campolide" — e outro que diz: "parte de casa com ou sem mobília Dafundo" — E nada mais. Perguntas-me o que tenho feito. Absolutamente nada visto que ainda estou na cama. Vou logo ao fotógrafo. Até logo. Saudades da tua

Bela

---

[1] Bilhete escrito no dia seguinte ao do bilhete anterior, no sábado. Aparentemente, tem início, portanto, com certo afã, a procura concreta da "casa". Florbela está de cama, mas mesmo assim consulta os classificados do *Diário de Notícias* para procurar um lugar para ambos.

21

{22/03/1920}

António[1]

Estou doente, aborrecida e triste. Faltava-me apenas a inquietação de te saber no quartel do Carmo "pronto para sair à primeira ordem". Para nada faltar à minha felicidade, chegou tudo e tudo está completo. Antes assim. Já agora é tudo duma vez. {pequeno espaço no final da linha} Manda notícias sempre que possas.

Da tua maior amiga

Bela.

---

[1] Bilhete escrito na segunda-feira seguinte, um dia após o anterior. O domingo passou em branco, sem nenhuma correspondência que se conheça. Florbela continua doente e, mais ainda, triste e aborrecida por saber que Guimarães, que se encontrava no quartel de Alcântara, passou, agora, para o quartel do Carmo (no Largo do Carmo, ao lado do Convento do Carmo), em plena Baixa, local perigoso, como vimos, onde impera a "selva". Além disso, deve estar "pronto para sair à primeira ordem", como ela penosamente se dá conta.
A expressão "chegou tudo e tudo está completo" é muito misteriosa; trata-se, de certeza, de algo cifrado entre ambos.

22

{23/03/1920}

Amor querido[1]

Às 8 horas e meia está aqui em casa! Espero-te. Bate à porta e pergunta por mim. Não percebo nada disto. Estou em imenso cuidado. Dizem-me imensas coisas. Dize o que há. Vem às 8 horas e meia. Estou aflitíssima
Tua sempre

Bela

---

[1] Bilhete redigido no dia seguinte ao anterior, portanto, na terça-feira. Apressadamente escrito, reiterado no que diz, expondo vivamente a inquietação de Florbela, o bilhete exige praticamente de Guimarães a sua pronta presença na casa onde vive Florbela (pelos vistos, os amantes não se importam mais com as aparências) a fim de esclarecer-lhe, certamente, a situação de risco em que se encontra com os constantes alertas políticos. Ou para conversarem sobre alguma intimidade urgente.

23

{24/03/1920}

Querido[1]

A tua carta assustou-me não sei por quê. Porque me não telefonaste antes? Urso. Irei às 3 horas e meia ter contigo mas peço-te que estejas na rua porque eu tenho vergonha de lá ir sozinha

Beijos da tua

Bela

---

[1] Bilhete escrito no dia seguinte ao bilhete anterior, portanto, na quarta-feira, Trata-se de uma carta de Guimarães que, pelo tom já mudado do bilhete, indica uma boa notícia, visto que Florbela o chama de "Urso", nome que lhe dá sempre em tom jocoso e carinhoso. Ela deve ir a algum lugar aonde tem "vergonha" de ir sozinha, lugar onde vai se encontrar com ele. Florbela está animada, ao contrário do bilhete anterior.

24

{26/03/1920}

António[1]

26 Março

Vou agora ao dentista e vou depois às 4 horas à modista, donde devo sair às 6 horas, como de costume. Dormiste bem toda a noite ou pensaste muito em mim? Eu não consegui dormir uma hora. Quando vais para Campolide? E a respeito de casas, o que há? Hoje o jornal traz imensas coisas que talvez nos possam servir. Eu tinha vontade de ver algumas, mas não me sinto com forças de correr Lisboa pois estou fatigadíssima, tendo passado a noite nada bem. Até amanhã, sim?

Imensas saudades de quem
    é muito amiguinha

Bela

---

[1] Bilhete escrito um dia após o anterior, portanto, na sexta-feira. Florbela parece regressar à vida normal, com idas ao dentista e à modista, sempre à tarde, como era seu hábito. Algo de muito importante se passou entre eles, o que a leva a perguntar se Guimarães teria dormido bem à noite ou se teria ficado pensando nela. Ela continua excitadíssima, de maneira que não pregou o olho. Guimarães deve deslocar-se, pois, do quartel do Carmo para o quartel de Campolide, e ela está menos inquieta por isso. A campanha para obtenção da "casa" continua, e Florbela está empenhada procurando ofertas nos jornais.

Esta é a última peça da correspondência desta fase dos dois amantes em Lisboa; a partir de então, apenas em abril, no dia 12, recomeçam as cartas, mas, já, agora, de Sintra, onde Florbela se encontra, e de onde envia suas notícias, por correio (e, portanto, não mais pelo impedido), ao amante, que se acha em Lisboa, no quartel de Campolide, na Bataria n. 1 de Artilharia — conforme se lê nos envelopes.

111

2. Sintra: A lua de mel

("Meu respeitado Senhor e Dono")

Florbela Espanca

25

{12/04/1920}

Sintra
12-Abril

Meu querido amor[1]

No pesadelo de relógio que tenho em frente, marcando minutos nas horas em que te tenho ao pé de mim, marcando séculos nas horas vagarosas como lesmas, horas que se arrastam, horas que nunca mais acabam como estas de que tem sido feito este dia, neste pesadelo deste relógio são 7 horas da tarde.[2] Acabei agora o meu eterno bordado, acabei por hoje... Dá-me já a ideia da célebre teia de Penélope, feita de dia, desfeita de noite, enquanto o bem amado, ao longe, vagueava pelo mundo fora.[3] A célebre toalha estafa-me, e bem grande será o prazer de ver o meu desastrado homem[4] amarrotá-la e enchê-la de chá ou de cinza de cigarro, para que me esqueçam estas dores nos rins que ela me tem feito, desde o Bristol de bem amada mesmice... Tenho saudades do Bristol, sabes? Foi o nosso primeiro ninho, bem alegre e carinhoso, apesar dos reposteiros encarnados e da menina que engoliu o espeto...[5] Nunca, enquanto lá estive, passei um dia inteiro sem ti, e basta isso para ter saudades dessa casa a que tu tão desalmadamente, ontem, chamaste maldita. A casa onde vivi contigo os primeiros oito dias, sozinhos![6] Sempre às vezes és muito urso!... Não merecias talvez que eu estivesse aqui a falar contigo, cheia de saudades e de profundos desejos de te ver. Como esta Sintra hoje está feia e triste! Tem chovido sempre, uma chuva miudinha e impertinente que me impacienta e enerva. Sempre embirrei com tudo que é miudinho... Estes dias no radioso Abril são um contrassenso que me irrita o mais possível. Já não gosto de Sintra, pronto. Já não gosto de

Sintra apesar da suavidade profunda e religiosamente doce destas estradas cheias de sombras e de perfumes, destas lindas estradas, as mais lindas de Portugal, onde a tua voz me disse que me querias, onde o teu olhar me disse que eras meu. Tenho saudades do nosso passeio d'ontem, do nosso remoto passeio que ainda está tão perto! Tenho na mesa em que te escrevo, as florzinhas selvagens que colheste para mim, e as pequeninas pétalas, a cair, parecem também dizer-me que têm saudades das tuas mãos. Continua a chover a chuva miudinha, o pesadelo de relógio deu agora 7 horas e meia.[7] Aquele diabo não se calará nunca?... Que tens tu feito todo este longo dia, tão feio e tão triste, sem a tua mulherzinha,[8] sem a tua riqueza, como tu me dizes. Que tens tu feito, amor? É hoje, desde o dia 1 de Abril, o primeiro dia que não jantamos juntos. Como hoje me vai parecer grande e fria aquela casa de jantar que ontem me parecia tão bonita! Estou aborrecidíssima, amigo meu. Este anoitecer vai ser divino, como deves calcular. Foi sempre a minha hora de tragédia, a hora dos meus nervos dolorosos, dos meus pensamentos doidos; foi sempre, a noitinha, o meu grande calvário onde sobem devagarinho, em passos lentos, todas as minhas dores de muitos anos, todas as mágoas que me têm dado, e é nesta hora que eu rezo o meu verso, não sei de que soneto:

"Ergue-se a minha cruz dos desalentos."[9]

Hoje vêm todos os fantasmas, todos, porque te sentem longe, e é hoje o meu primeiro dia triste e desanimado porque só hoje tu ficaste longe de mim. Tenho hoje os olhos tristes que tu não gostas de me ver. Uma grande noite sem ti! Quantas horas terá ela, a noite que vem, a noite que desce sobre a terra e dentro de mim? Tenho saudades da carícia dos teus braços, dos teus braços fortes, dos teus braços carinhosos que me apertam e que me embalam nas horas alegres, nas horas tristes. Tenho saudades dos teus beijos, dos nossos grandes beijos que me entontecem e me dão vontade de chorar. Tenho saudades das tuas mãos, tão más às vezes, como ontem à noite... Tenho saudades da seda amarela tão leve, tão suave, como se o sol andasse sobre o teu cabelo, a polvilhá-lo de oiro. Minha linda seda loira, como tenho vontade de te desfiar entre os meus dedos! Tu tens-me feito feliz, como eu nunca tivera esperanças de o ser. Se um dia alguém se julgar com direitos a perguntar-te o que fizeste de mim e da minha vida, tu dizes-lhe, meu amor, que fizeste de mim uma mulher e da minha vida um sonho bom:[10] podes dizer seja a quem for, a meu pai como a meu irmão, que eu nunca tive ninguém que olhasse para mim como tu olhas, que desde criança me abandonaram moralmente que fui sempre a isolada que no meio de toda a gente é mais isolada ainda. Podes dizer-lhe que eu tenho o direito de fazer da minha vida o que eu quiser, que até poderia fazer dela o farrapo com que se varrem as ruas, mas que tu fizeste dela alguma coisa de bom, de nobre e de útil, como nunca ninguém tinha pensado fazer. Sinto-me nos teus braços defendida contra toda a gente e já não tenho medo que toda a lama deste mundo me toque sequer. Dize-lhe, meu amigo querido, que eu fui desde que principiei a conhecer a vida, a mulher sem lar, a mulher casada sem marido, sem lar, a que nunca tivera como todas as raparigas sonham, as horas doces dum noivado que até à morte se recorda. Mais tarde pedi a meu pai que viesse aqui para junto de mim ou, pelo menos, meu irmão, mas nunca o egoísmo deles concordou na necessidade absoluta de viverem comigo. Compreendiam o mal mas não o remediavam porque a meu pai era quase proibido pela mulher, a meu irmão isso iria restringir um pouco a sua liberdade de rapaz.[11] Dava meu irmão a solução razoável e lógica para o problema do meu viver: ir para casa, que nem sequer é de meu pai, a casa onde eu não saberia viver um mês sem gritar de aborrecimento e de raiva. E aí tens tu, meu bem amado, a razão porque eu estudava Direito, a razão porque eu andava por casas estranhas, hoje aqui, amanhã além, a recolher todas as calúnias, a arrastar atrás de mim todas as miseráveis infâmias que o mundo tem em reserva para os orgulhosos que o desprezam. Dize-lhe que meu pai se lembrava de mim de três em três meses e meu irmão se incomodava a ir ver-me de seis em seis. Dize-lhe que em volta de mim andavam todos os desejos dos homens que comigo conviviam e que um deles me sabia tão pouco protegida que num corredor de hotel me quis beijar, como seu fosse sei lá o quê! Dize-lhe que me disseram, a mim, tudo quanto a uma mulher perdida se não diz, sem que meu irmão, sabendo-o, se dignasse importar-se com isso. O que seria da minha vida, de mim, se tu me não tivesses amado! Obrigada por todo o teu amor, minha vida. Eu amo-te e mando-te todos os beijos e saudades da tua Bela.

PS. Não te esqueças de trazer a gabardine, não? E a carta da Margarida e os meus livros.

---

[1] Carta escrita dezesseis dias após o último bilhete de 26 de março de 1920. Segundo se depreende, Florbela e Guimarães estão juntos, desde o dia 1º de abril. Hoje é segunda-feira, 12 de abril, e ele partiu ontem, domingo, para Lisboa. A carta, que segue pelo correio, é dirigida a

> *António J. Marques Guimarães*
> *Digmo. Alferes da G.N.R.*
> *Bataria n. 1 de Artilharia*
> *Campolide*
> *Lisboa*

Sabe-se, assim, que Guimarães, depois de ter estado no Quartel de Alcântara e de ter sido transferido para o Quartel do Carmo, se encontra, agora, no Quartel de Campolide, ainda Lisboa.

[2] Este sentimento de fuga do tempo na companhia do amado e de retardo dos minutos na solidão sem a companhia dele é uma tópica da Literatura Portuguesa desde as remotas cantigas d'amigo do século XIII, como nesta de Julião Bolseiro, escolhida por Eugénio de Andrade na sua *Antologia pessoal da poesia portuguesa* (Porto: Campo das Letras, novembro de 1999, p. 15), que transcrevo:

> *Aquestas noites tam longas que Deus fez em grave dia*
> *por mim, porque as nom dórmio, e por que as nom fazia*
> *no tempo que meu amigo*
> *soía falar comigo?*

Porque as fez Deus tam grandes nom posso eu dormir, coitada,
e de como som sobejas, quisera-m'outra vegada
no tempo que meu amigo
soía falar comigo.

Porque as Deus fez tam grandes, sem mesura desiguaes,
e as eu dormir nom posso, por que as nom fez ataes
no tempo que meu amigo
soía falar comigo?

[3] A interminável espera por Guimarães, sempre preso ao quartel, sempre de sobreaviso (as execráveis "prevenções"), fornece à Florbela a sua aproximação com Penélope, e a Guimarães com o Ulisses ausente — como se sabe, ambos personagens da *Odisseia* de Homero.

[4] É a primeira vez que Florbela se refere a Guimarães como o seu "homem", o que indica o ingresso numa intimidade amorosa que não existira desde que a correspondência fora encetada. Aliás, também a maneira como se refere a ele, no cabeçalho da carta, faz espécie, visto que a segunda vez que o trata por "Amor".

[5] Bristol é o hotel que Florbela considera o "primeiro ninho" do casal, muito provavelmente anterior a este hotel onde agora aguarda Guimarães. A lembrança dos "reposteiros" e da "menina que engoliu o espeto" remete a um código de cumplicidade entre ambos, aos comentários que fizeram durante a estada lá.

[6] No Hotel Bristol, eles viveram juntos pela primeira vez, durante oito dias. É, como se vê, a primeira vez em que permanecem a sós. Supostamente, para lá foram no dia 1º. de Abril, tendo permanecido juntos durante os oito dias referidos.

[7] A temática do próximo que já é remoto remete a uma semelhante relativização do tempo, tal como transparece no princípio da carta. Interessante como a maneira de Florbela relatar o passeio do casal pelas estradas parece remontar a poemas já escritos por ela, como se realizasse, com Guimarães, os devaneios antigos. É o caso do poema "Dantes...", pertança de "Trocando olhares", escrito em 18 de janeiro de 1916.

[8] É, também, a primeira vez em que ela se nomeia a "mulherzinha" de Guimarães, atestando a diferença de estado entre as cartas de Lisboa e as de Sintra.

[9] De fato, é impressionante, na poética de Florbela Espanca, a obsessão dolorosa pelo crepúsculo que, a partir de *Charneca em flor*, será também, positivamente, a hora dos "mágicos cansaços", a do encontro amoroso.

O verso citado pertence ao poema "Cinzento", que comparece em ambos os manuscritos *Livro do nosso amor* e *Claustro das quimeras*, como também no *Livro de Sóror Saudade*. No *Claustro das quimeras*, o poema traz a indicação de local onde foi composto: "Casa de Saúde de Benfica". Aliás, também outros dois sonetos trazem a mesma notação, e são eles: "Maria das Quimeras" e "Ódio?!". A suposição é de que o estágio de Florbela na Casa de Saúde de Benfica deve ter ocorrido antes que ela conhecesse Guimarães, num período imediatamente anterior (ou posterior) à publicação de *Livro de mágoas* (junho de 1919) e anterior a fevereiro de 1920. Transcrevo o referido soneto, tal como se acha em 25º lugar do *Livro do nosso amor*, manuscrito que deve datar possivelmente desta altura:

Poeiras de crepúsculos cinzentos,
Lindas rendas velhinhas, em pedaços,
Prendem-se aos meus cabelos, aos meus braços
Como brancos fantasmas sonolentos...

Monges soturnos deslizando lentos,
Devagarinho, em mist'riosos passos...

Some-se a luz em lânguidos cansaços...
Ergue-se a minha cruz dos desalentos!

Poeiras de crepúsculos tristonhos,
Lembram-me o fumo leve dos meus sonhos,
A névoa das saudades que deixaste!

Hora em que o teu olhar me deslumbrou...
Hora em que a tua boca me beijou...
Hora em que fumo e névoa te tornaste...

[10] Florbela assina, aqui, o atestado comovente da sua felicidade com Guimarães, que a tornou "mulher".

A acusação que ela entretece, em seguida, visando certamente ao pai, é grave, e indica o "abandono moral" que julga terem-lhe votado desde criança. Florbela parece muito ressentida com o velho Espanca, e talvez exagere nessas afirmações inflamadas, quem sabe se com o fito de encarecer, ainda mais, os desvelos que Guimarães lhe dirige.

[11] Florbela insinua a sua indisposição para com Henriqueta de Almeida, ex-empregada da casa, que vive agora com o seu pai, bem ao contrário do tom camarada com que a trata em cartas a esta dirigidas.

26

{16/04/1920}

Sintra
16 Abril

Meu amorzinho adorado[1]

Precisamente o mesmo dia que segunda-feira, como se o modelo dos teus dias de serviço tivesse agradado a alguém que indefinidamente o fizesse repetir. Também, melhor é assim, para não lamentar o passeio perdido e para quase agradecer ao destino misericordioso o não teres que vir por um semelhante tempo. Bem verdadeiro o ditado: há males que vêm por bens.[2] A tua mulherzinha acabou agora mesmo de almoçar; 2 h da tarde! Que escândalo!... Dormi sem descansar até à 1 h, e foi mais uma vez o pesadelo de relógio que me veio lançar para este triste mundo de tristes realidades, a mais triste de todas sendo, por agora, a tua ausência de 24 horas que eu hei de contar com a ansiedade dum prisioneiro em vésperas de liberdade. Estas ausências periódicas são tudo quanto há de mais irritante para o meu feitio sem paciência para estas coisas.[3] A felicidade na vida é já uma coisa tão restrita e quase convencional que tirar da vida uma parcela mínima desse luzente tesoiro, tão ambicionado e tão quimérico, é a maior das loucuras humanas.[4] E tu, meu grande e frio e rabugento urso branco da Sibéria, não me deixas ir passar umas horas contigo. Sim, *meu respeitado senhor e dono*, voltamos à mesma, sempre à mesma coisa, até que eu chegue a convencê-lo de que na terra não há outro urso assim tão urso como Vossa Mercê. Está finalmente convencido? Ora, ainda bem que está![5] O que tens tu feito, amor? Andarás, como segunda-feira, cavaleiro andante a flertar às janelas das

121

ruas do Alto do Pina, com damas de cem anos?... Cem anos, pelo menos... Eu creio mesmo que tu disseste mais alguns... Sempre estás uma prenda, um espertalhão... Tenho que te educar convenientemente e ensinar-te que damas de cem anos e mulheres que fazem queijadas, não servem, ou pelo menos não devem servir, a quem tem a suprema felicidade de possuir uma mulher como eu, que sou uma pérola, ou por outra: um colar de pérolas, como ontem gentilmente me chamaste... Estás de acordo, não é verdade?[6] A tua pequenina fera está há imenso tempo ansiosa que a chuva acabe, para deitar o focinhito fora do covil, ao menos por cinco minutos; mas não há meio, o diabo da chuva continua a cair sem piedade e daqui a pouco a ferazinha sai mesmo com chuva e tudo. Há tanto tempo que não saio![7] Em horas de concentração de consciência, eu ponho-me a pensar que nunca julguei capaz que um homem pudesse fazer da Miss América, como muita gente me chamava dantes, esta burguesinha pacata, que, detrás dos vidros duma janela passa a vida a fazer rendas, tal qual como uma poética e sentimental heroína de Gréville...[8] Como os homens nos transformam! Nós, pobres mulheres, apesar do nosso imenso e frágil orgulho, não somos, afinal, mais do que argila que as mãos deles moldam a seu belo capricho. Feliz da argila que, no seu caminho, encontra, como eu, o estatuário que a vai moldando a acariciá-la! Gosto tanto de ti que me não revolto, eu, a eterna revoltada, aquela que teve sempre por coração um oceano imenso, a que ninguém jamais descobrira o fundo. Como te tens lembrado hoje de mim? Com saudades? Com desejos de me beijar? Com tristeza? Como? Gostava tanto, tanto de saber a cor dos teus pensamentos quando são meus! Queria que eles fossem roxos, como os lilases, ou cor de rosa como os beijos que eu te dou. Tenho saudades, saudades, saudades. Reparei agora para uma coisa: é curioso como eu não sou capaz de vestir um vestido alegre quando tu não vens. Já segunda-feira vesti o vestido preto e hoje sem pensar fui vesti-lo outra vez. E é verdade que eu ando de luto, de luto por uns beijos que trago e que se não dão e que morrem de frio longe da tua boca; queres luto mais triste? Meu amigo, tu és muito mau que me não quiseste hoje ao pé de ti. *Urso, urso, urso*.[9] Vou finalmente, agora que não chove, à livraria escolher um livro que tenha o poder de me adormecer para sonhar contigo e para esquecer as horas que tenho de passar longe de ti. E a nossa casa? Não te esqueças de falar com o homem maravilhoso que põe as paredes limpas sem as limpar. Não mandes fazer nada sem me dizer, senão enforco-te! Quem me dera já na nossa casinha, no nosso pequenino ninho, meu amor querido![10] No pesadelo de relógio ainda nem são 3 horas! Tantas horas têm ainda que passar, tantas! Sabes? Os noivos feios já cá não estão e hoje almocei ao pé de três horrorosos japoneses que falaram sempre inglês e que me tiraram todo o apetite, porque eram muito feios, eram feios demais. Por que será que para este hotel só vem gente feia? Será por ser recomendado pela Propaganda de Portugal? Somos nós os únicos bonitos, pelo menos, é esta a minha opinião... ainda hoje vou escrever a meu pai para que se não lembre de me pôr o retrato no *Diário de Notícias* como uma criada gatuna ou um menino perdido. Felizmente todos as tragédias têm o seu lado cômico, e felizes dos feitios que as vêm só desse lado.[11] Naturalmente só recebes domingo esta carta, em todo o caso pode ser que a recebas amanhã e sempre te vou dizendo que te não esqueças dos livros (Ai, livros, livros!...) e da encomenda célebre da Figueira da Foz!! Sempre me acontecem coisas! Agora, até querem que eu receba encomendas duma terra onde não conheço ninguém![12] Adeus, amor. Vou comprar o livro. Beijos muito grandes da tua Bela.

[1] Carta escrita três dias após a anterior, numa sexta-feira, e enviada pelo correio a *António J. Marques Guimarães,* e para o mesmo endereço anterior.

[2] Aparentemente, nem todos os dias Guimarães está mais de serviço, visto que Florbela refere esta sexta-feira e, mais adiante, a segunda-feira, como dias em que não está com ele.

[3] De fato, são "ausências periódicas" as de Guimarães, quem sabe com um intervalo de 24 horas, como Florbela explica. Mas a sensação de "emparedada" que ela referia quando se encontrava em casa alheia em Lisboa, sempre no aguardo de notícias de Guimarães, ainda é a mesma de quando o aguarda, agora, visto que se acha "prisioneira".

[4] Florbela se mostra sempre muito atenta a qualquer migalha que (ela julga) a vida tira dela. Aliás, ela vê a realidade com a mesma indisposição com que a concebe na sua obra, onde o princípio de prazer se contrapõe ao da realidade, ambos em litígio — sendo esta uma das principais tópicas da sua poética ou da sua prosa e, pelos vistos, da sua vida.

[5] O tom brincalhão, que é constante nas suas cartas, reaparece aqui. O grifo, que se lê abaixo da expressão que conceitua Guimarães como o seu senhor, é indicial de que tenham se tornado, já agora, cônjuges.

[6] O tom jocoso pode dizer respeito a algum evento ocorrido quando Guimarães estava, na segunda-feira, de serviço nesse bairro de Lisboa, fato comentado divertidamente por ambos.

[7] Em outra correspondência posterior, no último ano da sua vida, nas suas cartas a Guido Battelli, Florbela vai identificar tal "fera" (que se diz ser) com a "pantera".

[8] O apelido "Miss América" parece nomear a insubmissa, a insurrecta, a revoltada Florbela, agora transformada numa "burguesinha pacata". Ela se refere a Henri Gréville, pseudônimo de Alice Fleury Gréville, romancista francesa, nascida em Paris em 1842 e falecida na mesma cidade em 1902. Tendo escrito também em russo (pois que viveu em Petrogrado), publicou inúmeros romances, novelas, dramas, comédias, verdadeira saga onde a mulher tem papel preponderante (*A princesa Ogherot, Sonnia, Lucia Rodey, O voto de Nadia, A segunda mãe, Canto de núpcias, O futuro de Alina, Aurette, A herdeira, O marido de Aurette, Princesinha, O coração de Luiza* — eis aqui apenas alguns dos seus muitos títulos femininos).

[9] A ideia de "emparedada", de "prisioneira" caminha na mesma semântica daquela que está "de luto" pela ausência dele.

[10] Tudo indica que a casa está acertada, que os noivos aguardam apenas uma pequena reforma para mudarem-se. Entende-se, agora, pelo menos do ponto de vista de Florbela, e depois de todas as confissões desta última carta, a razão da enorme ansiedade em viver na *sua casa.*

[11] Dá para se inferir, desse comentário, que o pai Espanca mandou a foto da filha para algum jornal, e que ela não teria ficado nem um pouco satisfeita porque se criou uma situação ridícula; como ela estivesse mandando, novamente, seu retrato ao pai, ela brinca com Guimarães a respeito da provável futura gafe paterna. Repare-se que, agora, o tom que ela usa para falar do pai é bem outro.

[12] Muito embora Florbela declare que não conhece ninguém de Figueira da Foz e que, portanto, não saiba como lhe enviaram uma encomenda de lá, Figueira da Foz é o local onde ela esteve, há muitos anos, durante uma temporada de férias, em casa do padrinho Daniel da Silva Barroso. Lá, conhecera João Martins da Silva Marques, por quem teria tido um sério flerte, que se estendeu mais ou menos de final de setembro de 1912 a meados de fevereiro de 1913. Nessa altura, Florbela ainda se encontrava comprometida com Alberto Moutinho (com quem namorava desde a adolescência), e com quem se casa em 08 de dezembro de 1913. João Martins da Silva Marques, cuja identidade se esconde na correspondência

publicada por meio do nome "José", é natural de Redondo; formar-se-ia mais tarde em Letras e em Direito, tendo sido assistente da Faculdade de Letras da Universidade de Lisboa (quem sabe se por esta época em que Florbela escreve esta carta) e, posteriormente, diretor da Torre do Tombo.

3

3. Lisboa: A fantasmagoria do lar

("O tanso do nosso filho")

26(1)

{30/04/1920}

Vida[1]

Procurei o amor que me mentiu...
Pedi à vida mais do que ela dava...
Eterna sonhadora edificava
Meu castelo de luz que me caiu!

Tanto clarão nas trevas refulgiu!
E tanto beijo a boca me queimou!
E era o sol que os longes deslumbrava
Igual a tanto sol que me fugiu!

Passei a vida a amar e a esquecer
Um sol a apagar-se e outro a acender,
Nas brumas da estrada por onde ando...

E este amor que assim me vai fugindo
É igual a outro amor que vai surgindo
Que há de partir, também, nem eu sei quando...

Florbela

Lisboa 30-Abril-1920[2]

---

[1] Soneto escrito treze dias após a carta anterior. Pertence ao Espólio Mário Lage, conservado pelo Grupo Amigos de Vila Viçosa, o que significa que foi encontrado nos papéis que Florbela guardou até a sua morte.

Com outro título, "Inconstância", com pequenas modificações nos quartetos (de pontuação, maiusculada a palavra "Vida" e acerto do tempo verbal e da rima no 2º verso do 2º quarteto: "E tanto beijo a boca me queimava!"), e com modificações no 2º e 3º versos do 1º terceto — este soneto é publicado em *Livro de Sóror Saudade*, em 14º lugar. Ei-lo:

> *Procurei o amor, que me mentiu.*
> *Pedi à Vida mais do que ela dava;*
> *Eterna sonhadora edificava*
> *Meu castelo de luz que me caiu!*
>
> *Tanto clarão nas trevas refulgiu,*
> *E tanto beijo a boca me queimava!*
> *E era o sol que os longes deslumbrava*
> *Igual a tanto sol que me fugiu!*
>
> *Passei a vida a amar e a esquecer...*
> *Atrás do sol dum dia outro a aquecer*
> *As brumas dos atalhos por onde ando...*
>
> *E este amor que assim me vai fugindo*
> *É igual a outro amor que vai surgindo,*
> *Que há de partir também... nem eu sei quando...*

[2] Não se acha no manuscrito *Livro do nosso amor*. Quase da mesma forma como se encontra neste original (apenas com modificações de pontuação, que conferem com as definitivas), este soneto está transcrito no manuscrito *Claustro das quimeras*, em 27º lugar. O título original "Vida" se encontra riscado e substituído por "Inconstância".

Há, além disso, uma anotação fundamental: "Lisboa - Hotel Francfort", o que indica que Florbela se encontra, durante este período posterior a sua estada em Sintra, em Lisboa, também num hotel; aliás, é neste Francfort Hotel do Rossio, que Florbela havia se hospedado, há tempos, com a família, em 5 de outubro de 1910, quando arrebenta a revolução que mudaria o regime português, de monárquico, para republicano.

A minha suposição é de que, a partir desta data, Florbela começa a engendrar o manuscrito *Claustro das quimeras*, que irá substituir o anterior, o manuscrito *Livro do nosso amor*, assentando, desse modo, a sua travessia final para o *Livro de Sóror Saudade*.

26(2)

{02/06/1920}

O nosso mundo[1]

Ao meu homem querido

Eu bebo a Vida, a Vida a longos tragos —
Como um divino vinho de Falerno,
Poisando em ti o meu amor eterno
Como poisam as folhas sobre os lagos! —

Os meus sonhos, agora, são mais vagos... —
O teu olhar em mim hoje é mais terno...
E a Vida já não é o rubro inferno
Todo fantasmas tristes e pressagos! —

A Vida, a Vida, Amor, quero vivê-la!
Na mesma taça erguida em tuas mãos,
Bocas unidas hemos de bebê-la!

Que importa o mundo e as ilusões defuntas?...
Que importa o mundo e seus orgulhos vãos?...
O mundo, Amor?... As nossas bocas juntas!...

Bela

Lisboa 2-6-1920[2]

[1] Manuscrito pertencente à Biblioteca Nacional de Lisboa, hoje depositado na Biblioteca Pública de Évora. Soneto escrito trinta e dois dias após a última peça. A 1º de junho de 1920, António Guimarães é contratado pelo Comando da Guarda Nacional Republicana; aparentemente, permanece em Lisboa pelo menos até 27 de junho, pois que a sua primeira carta do Porto, endereçada a Florbela, a de 28 de junho, só é recebida por ela no dia 30 de junho.

Publicado em 15º lugar, com o mesmo título e sem a dedicatória (que, é evidente, nomeia aqui a Guimarães) em *Livro de Sóror Saudade* (em seguida ao "Inconstância", soneto anterior), ele traz, nesta publicação, para além das modificações de pontuação, apenas uma transformação no 1º verso do 1º terceto: "A Vida, meu Amor, quero vivê-la!".

[2] Como o anterior, também não comparece no manuscrito *Livro do nosso amor* e, também como o anterior, comparece no manuscrito *Claustro das quimeras*.

Neste último, tal soneto está situado imediatamente após o anterior, portanto, em 28º lugar, numa versão muito próxima da definitiva, apenas com pequenas modificações de pontuação. E traz uma anotação que coincide com a deste original: "Lisboa". Reparo o quanto este poema sintetiza a posição psicológica, emocional e amorosa da Florbela desta época, pelo menos da que temos tido oportunidade de seguir através desta correspondência.

27

{29/06/1920}

29-6-920

Meu Amor querido[1]

Recebi hoje a tua primeira carta. Obrigada por ela. Não estou nada melhor, hoje fiquei na cama e tenho vomitado mais. Estou arreliadíssima e com vontade de me ver ao pé de ti. Quero ir-me embora já esta semana; vem-me buscar depressa sim? Se não vieres, vou sozinha com a Maria da Graça. O negócio da casa está feito, ficou por 400$00. Tenho feito todos os remédios mas não tenho tomado o *célebre*. Vem buscar-me, sim? Muito depressa arranja a nossa casinha seja como for. Na Foz ou no Porto ou em casa do diabo. Não posso escrever mais. Saudades de todos cá de casa e de cima.[2]

Os mais saudosos beijos
da tua maior amiga
Bela

---

[1] Bilhete escrito vinte e seis dias após o último soneto, "O nosso mundo", dedicado "Ao meu homem querido". O papel em que Florbela escreve esta carta contém o distintivo da

Guarda Nacional Republicana
Bataria Nº 1 de Artilharia
Particular

Esta é a primeira resposta à primeira carta que Guimarães lhe escreve depois da sua partida de Lisboa. Ele se encontra, muito provavelmente, no Porto, como indica Florbela, para onde foi se apresentar junto ao Destacamento de Artilharia do Porto (Castelo da Foz).

Florbela continua em Lisboa, muito ansiosa para ir ter com ele. Como se verá pela próxima carta, ela já trespassou a casa que haviam alugado, e agora aguarda com muita apreensão que ele alugue uma casa lá onde estiver. Friso o fato de que ela não está bem de saúde, de cama, tendo "vomitado mais" — prenúncio de algo que vai se esclarecer nas cartas a seguir.

Florbela também revela que tem tomado todos os remédios, menos o *"célebre"*, ou seja: só não tem tomado aquele que é da alçada de Guimarães.

[2] O fato de Florbela mencionar saudades dos "de cima" pode explicar que ambos estavam vivendo, em Lisboa, na casa que alugaram (a que projetaram reformar), e que deve ficar na parte de baixo de uma outra, provavelmente a da proprietária, a de Dona Júlia, tal como se poderá concluir por meio da última das cartas desta fase.

28

{30/06/1920}

30-6-1920

Meu queridinho[1]

Recebi mesmo agora, 3 horas da tarde, duas cartas tuas, uma de 28 e outra de 29. Não fiquei absolutamente nada satisfeita com as notícias que me mandas, no que diz respeito a casas. Então o que faremos nós? Isto não pode continuar assim; eu faço aqui uma enorme despesa e tu da mesma forma a fazes aí. Estou imenso mal; tudo me falta e não posso, não quero viver assim mais tempo. Eu posso ir desde que queira. Melhor do que estou, nem daqui a um mês, depois meu amor eu aqui é que não posso estar mais tempo por todas as razões.[2] Agora são mais 40$00 de casa que podíamos muito bem deixar de pagar. Passo umas noites horríveis; esta noite tomei a pastilha para dormir porque há duas noites que não conseguia dormir uma hora. Fazes-me tanta falta como nem tu podes imaginar. Tem dó de mim, meu homem querido, vem-me buscar depressa, depressa, depressa. {pequeno espaço} Escrevi segunda-feira uma carta para onde mandaste — não recebeste ainda? Porque me não mandas tu escrever para o hotel? Sempre há cada esquisitice![3] {pequeno espaço ao final da linha} A casa como te disse foi trespassada por 400$00 mas o homem só veio dar ainda 100$00 de sinal. Manda-me a cautela dos brincos, sem falta que é para os mandar buscar, pois já vai fazer agora 3 meses que não pago os juros.. Do meu pai recebi agora uma carta dizendo que está bem e que tem visitas em Évora, de maneira que não pode cá vir agora; como se eu lhe tivesse dito que viesse, ou

135

como se cá me fizesse alguma falta! {idem} Dizes que não tens escrito a ninguém. A quem diabo querias tu escrever a não ser a mim?! Fúfio![5] Dizes se precisar dalguma coisa que peça. Peço-te a ti pois é só de ti que preciso. O tanso do nosso filho continua a fazer vomitar a mãe que está já fartíssima de o aturar.[6] Todos se recomendam muito e mais que todos a Maria da Graça que não cessa de me perguntar quando nos vens buscar. O Cunha disse-me que se tu não puderes vir que vai ele levar-me.[7] Escreve-me muito todos os dias, sim? Arranja qualquer casa, seja o que for, e vem buscar-me *já, já, já.*

Muitos beijos da tua

Bela

---

[1] Carta escrita no dia seguinte ao bilhete anterior, na quarta-feira. Florbela se equivoca quando diz que escreveu na segunda-feira; não, escreveu na terça-feira, dia 29. O papel de carta usado por Florbela tem, como a anterior, o mesmo distintivo.

[2] O pesadelo de Florbela, o forte sentimento de despaisamento (tal como ela o explicitou na primeira carta de Sintra), parece ter continuidade mesmo ainda agora, quando, finalmente, o casal resolveu se assumir. E, de novo, a fantasmagoria das casas que não são alugadas volta a atormentá-la. Uma das "razões" que ela nomeia será aquela que esta carta revelará logo abaixo. A carta parece ter sido escrita às pressas ou com dificuldade, pois que está desleixada na pontuação, coisa que não é do hábito de Florbela.

[3] Muito embora a clandestinagem pareça ter acabado (suposição que parece se confirmar abaixo, a propósito da referência ao pai Espanca), do lado de Guimarães, talvez em virtude da sua vida profissional na GNR, ele ainda deve

procurar manter certas aparências, pois que não permite que Florbela lhe escreva para o hotel onde, ao que tudo indica, está hospedado. Ela lhe dirigiu, pois, a carta, "para onde mandaste".

[4] A preocupação material de Florbela se faz sentir no transcorrer de suas cartas. Ela permanece sempre em dificuldade monetária, e dá relevo a isso, demonstrando a sua inquietação quase constante. Desta vez, ao lado das notícias de gastos que poderiam ser poupados, sabemos que, certamente para encetar a nova vida, ela deve ter se desfeito de alguns bens ou, na melhor das hipóteses, empenhado-os, como é o caso do brinco que refere agora a Guimarães.

[5] Significa ao pé da letra "ordinário", "reles", "desprezível"; sem dúvida, é um tratamento gracioso.

[6] Apenas através desta correspondência pode-se conhecer, durante este período, a gravidez de Florbela, à qual se refere com tanta graça e com certo mal-estar, pois que não passa bem de saúde, está enjoada e contrariada com tudo o que rodeia aquilo que ela gostaria tanto de chamar de lar. "Tanso" significa "palerma", "mole", "vagaroso", e é, certamente, um tratamento carinhoso e brincalhão que ela já devota ao futuro filho, mas, agora, perpassado de um azedume que ela mal esconde.

[7] Ao que tudo indica, esta Maria da Graça deve ser uma criadita que acompanha Florbela. O casal já tem, agora, amigos em comum — como parece ser o caso deste Cunha — o que dá a entender que o período da clandestinagem, de fato, se encerrou.

29

{01/07/1920}

Lisboa 1-7-1920

Meu amor querido[1]

Escrevo-te ainda da cama onde me conservo há três dias mais por me sentir incapaz de ver gente do que propriamente por me sentir pior. Estou numa crise aguda de raiva feroz contra tudo isto e passo os dias deitada, completamente às escuras, sem dizer uma palavra e quase sem fazer um movimento. O médico, o Saldanha esteve cá há bocado e disse-me que podia ir segunda-feira no rápido; não era porque eu estivesse muito bem mas porque me sentia com forças para aguentar menos mal a viagem e porque aqui estou a enervar-me duma maneira feroz e por conseguinte a pôr-me pior com o tempo em vez de me pôr melhor. Enfim, disse-me para te avisar de que podia partir desde segunda-feira. Receitou-me umas hóstias para tomar todas as noites uma e mais nada. Já mandei pedir a conta ao outro porque não quero lá por os pés.[2] A propósito de casas não há mais remédio senão alugar mesmo caro. O que queres tu fazer e onde me queres tu meter? A questão é passar este mês porque depois se Deus quiser em qualquer parte estarei bem e teremos então tempo de procurar casa em melhores condições para nós. Agora, meu amor, é que é preciso não pensar em economias que dão resultado contrário, visto que o que eu gasto aqui (40$00 por dia) o que tu gastas aí e a renda desta casa é com certeza mais que uma casa por cara que seja mas vivendo nós juntos. Arranja depressa caro ou barato, que te não preocupe isso porque sempre se há de arranjar dinheiro para o que for preciso. {pequeno espaço} O impedido, como sempre previ, pôs cá tanto os delicados pés como eu os pus no quartel. Tenho-me ralado imenso com toda esta questão de compras, principalmente de carvão. Há dois dias que se faz tudo em casa de D. Júlia e isto é para mim, para os meus nervos, razão para não dormir nem sossegar um momento. Manda a cautela dos brincos registada, sim? Do trespasse tenho apenas na minha mão 100$00 mas o negócio foi como te disse feito por 400$00 como tu querias. O homem que alugou a casa anda ansioso por me ver daqui para fora mas com certeza que a ansiedade dele não é maior do que a minha.[3] Vem depressa. Ama-te de todo o coração a tua Bela.

Faz hoje 3 meses. Que tristeza![4]

---

[1] Carta escrita no dia seguinte à carta anterior, portanto, na quinta-feira. Como aquela, esta vem redigida num papel de carta com igual distintivo.

[2] Deve referir-se a um outro médico (que não o Doutor Saldanha) com o qual deve ter-se desentendido. Repare-se, novamente, no desleixo da carta — traço que não é próprio de Florbela, sempre tão aprumada na sua escrita, sempre tão cuidadosa com o que redige.

[3] Já agora se compreende com clareza que Florbela se encontra na casa que eles haviam alugado anteriormente e que já foi trespassada para uma pessoa que está ansiosa por se mudar para lá. A conta que Florbela faz é a da sua despesa diária nessa casa; e, como tudo está muito desarticulado, e não há sequer carvão na casa, ela se agasta, uma vez que é obrigada a usar os préstimos de Dona Júlia, que deve ser a vizinha ou a proprietária da casa, quem sabe, a que reside no andar de cima.

[4] Essa referência certamente diz respeito ao encontro comentado na carta de 12 de abril de 1920, escrita em Sintra, quando Florbela declara que " É hoje, desde o dia 1º de abril, o primeiro dia em que não jantamos juntos." Certamente, o dia 1º de abril marca, para o código amoroso de ambos, o início da vida em comum; e hoje, dia 1º de julho, é uma tristeza encontrarem-se como estão, nessa situação dilacerante de separados um do outro

30

{02/07/1920}

Lisboa 2-7-1920

Meu amorzinho[1]

Recebi hoje um telegrama teu que me deixou bastante admirada pois que tenho escrito todos os dias menos um porque não tive carta tua e porque estava bastante fúfia; recebi também uma carta que tu escreveste ontem. Tenho recebido, pois, como vês, as tuas cartas com a máxima regularidade. Já ontem te disse na minha carta que o médico me deixava ir e que fosse até quanto mais depressa melhor, mas com muita cautela, tendo principalmente casa lá que é o que maior falta me faz. Não sei o que tu esperas para alugar casas. Dizes que a questão é eu ir, pois eu digo que a questão é ter lá um buraco por morto — que seja. Palácio ou tenda na praia, o que eu preciso é casa minha porque não posso, como sabes, ir para hotel. Tenho ordem do médico para ir e em 6 horas lá me ponho. Já disse também que nunca mais vi o impedido desde que foi para a terra. Está descansado com as contas que tudo se pagará.[2] Com que então sou uma mão larga?! Coitada de mim!... É realmente melhor trazeres a mala porque nesta quase nada cabe. Vem depressa que eu já não posso estar assim nem mais um dia.[3] Tua que te quer muito e que te beija e que é muito, muito amiguinha
Bela

---

[1] Carta escrita no dia seguinte à carta anterior, portanto, na sexta-feira. Como a anterior, foi redigida num papel de carta com igual distintivo.
[2] O conteúdo desta carta é mais ou menos o da carta anterior, visto que Guimarães não a recebeu e que Florbela repete as informações anteriores. Sua letra está um

141

tanto conturbada, de maneira que há palavras que não estão claras.
São seis horas de viagem de Lisboa ao Porto!
[3.]A carta de Guimarães, chegada agora a Florbela, lhe afiança que ele virá buscá-la. Tanto assim que pede que ele lhe traga mais uma mala para além da que já tem. É de se fazer notar o minguado montante de pertences de Florbela.

31

{06/07/1920}

TUDO ARRANJADO NÃO TRAGAS MALA VEM DIZE QUERES COMPRE BILHETES = BELA --[1]

[1] Telegrama enviado três dias após a última carta, portanto, na terça-feira. Traz carimbo de emissão (Campolide — o que talvez indique que a casa habitada nessa altura por Florbela ficasse nessas imediações, provavelmente próxima ao Quartel de Campolide, onde, antes da sua transferência para o Porto, Guimarães se encontrava) e de recebimento (Porto, 6 de julho de 1920). Está destinado a

António Guimarães
Alferes da Guarda Republicana
Quartel do Carmo - Porto

Esta é a última peça da 3ª fase da correspondência, relativa à estada de Florbela em Lisboa. Tal telegrama parece selar a sua partida de Lisboa e o início da sua nova vida no Porto, com Guimarães.

Segundo se sabe através do processo n. 679 da GNR, no dia 12 de julho deste ano, Guimarães se apresenta no Destacamento de Artilharia do Porto (Castelo da Foz). Segundo informações não confirmadas, Florbela teria seguido para ali no dia 15 de julho.

4. Bastidores: O primeiro divórcio

("Adeus, Alberto")

Última recordação de Florbela para Alberto Moutinho

31(1)

{09/07/1920}

Portimão, 9 de julho de 1920

Florbela[1]

Dizia na minha última carta as razões porque tinha retardado o nosso divórcio, e qual a infelicidade que tinha feito desaparecer essas razões,[2] e propunha-te que, atendendo à tua qualidade noiva, e como o divórcio de comum acordo demorava muito tempo, que requeresses ação contra mim por abandono do lar, arranjando tu as testemunhas precisas, e propondo a ação em Vila Viçosa ou Évora, de maneira a dar a menor publicidade possível. Já falei com Domingos Rosado a esse respeito e tu podes talvez dirigir-te a ele.[3]. Espero que evitarás o mais possível a publicidade. Aguardo informações em Portimão, Banco Ultramarino[4].

Alberto Moutinho

---

[1] Carta dirigida à Florbela por seu primeiro marido — Alberto Moutinho (com quem ainda se encontrava formalmente casada) — e escrita por ele dois dias após o telegrama que Florbela enviou a Guimarães. A carta traz a tarja do
Banco Nacional Ultramarino
— Expediente —
Original
— onde Moutinho trabalhava, então (Agência de Portimão). O original pertence à Biblioteca Nacional de Lisboa (depositado hoje na Biblioteca Pública de Évora), assim como as cartas transcritas a seguir.

147

É provável que Florbela ainda se encontrasse em Lisboa quando esta carta lhe chega, visto que (segundo se supõe) ela partiria para o Porto apenas no dia 15 de julho. É de Lisboa, também, que ela teria escrito a carta para seu pai, a qual será referida por Moutinho na sua próxima carta de 16 de julho à própria Florbela. Vejamos em que pé andava, nesta altura, o relacionamento entre Florbela e Moutinho.

Quando em Lisboa, em meados de setembro de 1918, na casa de Edmond Plantier Damião (amigo do pai Espanca), Florbela escrevera para o marido Alberto, que se encontrava em Faro, a seguinte carta:

Alberto

13-9-1918

Sobre a tua carta recebida hoje, nada ou quase nada tenho a dizer--te. Ela nada adianta sobre as tuas e as minhas razões. Continuas a sentir as tuas e eu as minhas... Apenas te direi que peço tréguas a este infernal cansaço destes últimos dias. Estou fatigada. Matam-me. Nada tens a dizer--me de novo, nem eu a ti. Queres agora atirar para os meus fracos ombros a pesada responsabilidade duma separação?! Seja. Dir-te-ei apenas o que já te disse creio que duas vezes. Seguir-te-ei para aonde me chamares, farei o que quiseres que eu faça. Espero. Sou tua mulher, não é verdade? Espero as tuas ordens, as tuas resoluções. Quando me não quiseres, diz. Se me quiseres, diz também. Eu só peço que me deixem em paz, ou pelo menos respirar, porque já não posso mais. Tudo quando quiserem, mas não me enleiem mais com filosofias, com arguições e com queixas. Como te disse: espero. Eu não sei o que é a justiça, eu não sei o que é a verdade, eu não sei o que é o amor, eu não sei nada. Seja. Tu que sabes tudo, resolve, procede, simplifica. Mais discursos, não. Para quê? Valem todos o mesmo! São todos a mesma coisa! Já me disseste tudo e eu já te disse tudo. Estou como em minha casa. Tenho um teto que me abrigue, tenho que comer. Posso perfeitamente esperar que resolvas a tua vida, a minha vida. Não tenho pressas já. Não é para mim tudo já a mesma coisa?! Teorias, mais não. Peço-te. Resolve tudo como quiseres. Tudo fica em tua mão, é tudo como quiseres. Estou cansada. Estou resignada. Já quase tudo me é indiferente. Eu espero mas, como já te disse, não discursos mas resoluções. Poupa-me a mais mágoas, que é uma obra de caridade.

Adeus.

Florbela

A próxima carta, a ele endereçada, não traz data, mas parece, pelo seu teor, ser bastante decisiva. Certamente depois dessa, Florbela tenha-se resolvido a continuar na Faculdade de Direito da Universidade de Lisboa, inscrevendo-se no segundo ano, fato que ocorre efetivamente a 25 de setembro de 1918. Eis os termos da referida carta:

Alberto

Obrigada pela tua carta, mas peço-te que seja a última. Deixa-me esquecer tudo isto. Tu não sabes, tu não podes saber o que eu tenho sofrido. Está tudo acabado. Deus te faça feliz. De joelhos te peço que o procures ser, meu amigo. É a minha felicidade que eu também te peço. Quanto mais alto te vir, quanto mais feliz conseguires ser, juro-te pela memória de minha mãe que mais feliz eu serei. Rancor, dizes tu. Bem, o meu rancor é este. Adeus. Peço que informes meu irmão ou o meu pai da tua morada, pois que é sempre bom saber onde tu estás. A mim, não. A mim, não quero. Peço-te também que te não esqueças de dirigir ao Ramos e Costa. Tenho a certeza

que muito te poderá ajudar no que desejas. Tenho esse pressentimento; crê
nele. Adeus, Alberto. Sê meu amigo sempre como é tua amiga a
Florbela

Esta carta parece, pois, encerrar um longo relacionamento amoroso que não pretende, como se vê, interromper a amizade que sempre unira o casal. Repare--se como Florbela invoca o nome da sua mãe para a jura acerca da felicidade de Alberto.

Florbela conhecera Alberto de Jesus Silva Moutinho (nascido a 9 de novembro de 1893, natural de Santo Antão, Évora) desde o seu tempo de Liceu em Évora (1905); havia se casado com ele em 8 de dezembro de 1913 (ele com 20 e ela com 19 anos), em Vila Viçosa. Em janeiro de 1914, o jovem casal fora viver em Redondo, na Serra da Ossa, numa casa da Rua da Botica (hoje Rua Manuel Joaquim da Silva), onde criara uma escola em que ambos mantinham alunos de manhã até a noite, e onde eram explicadores. Todavia, em setembro de 1915, por motivos de ordem econômica, o casal transferira-se para Évora, para a casa do pai Espanca (Largo de Camões n. 39), onde ambos passaram a lecionar no colégio Nossa Senhora da Conceição (Rua Diogo Cão n. 40).

Entre 10 de maio de 1915 e setembro de 1917, Florbela escreverá suas composições em verso e em prosa num manuscrito, considerado o seu inaugural, que ostenta o título de "Trocando olhares". Em meados de abril de 1916, Florbela e Moutinho retornaram a Redondo, regressando a Évora em meados de junho do mesmo ano, onde Florbela permaneceria como explicadora e retomaria o último ano de Liceu, o qual havia abandonado para casar-se. Aparentemente, é por esta altura que o casal começa a desentender-se; Florbela termina o liceu em julho de 1917 e o casal parte, em setembro, para Lisboa, hospedado em casa de Edmond Plantier Damião (Rua do Poço do Borratém), ambos sustentados por seus respectivos pais. Em 9 de outubro desse ano Florbela se matricula no primeiro ano da Faculdade de Direito da Universidade de Lisboa. Mas em março de 1918, ela sofre um aborto hemorrágico e parte, com Moutinho, para Quelfes (cidade próxima a Olhão), para ali se tratar; o casal se hospeda em casa de Doroteia, irmã de Moutinho; este, por sua vez, consegue lecionar em Olhão. Florbela permanece sob intenso tratamento até pelos menos junho de 1918, quando deixa o Algarve e regressa sozinha para Lisboa. As cartas acima arroladas ocorrem depois disto, e pertencem, pois, à derradeira fase do relacionamento de ambos.

[2] Vê-se, portanto, que Florbela, durante este período em que se acha com Guimarães, tem mantido correspondência com Moutinho, a fim de concretizar o divórcio entre ambos. A "infelicidade" referida por Moutinho vai ser detidamente explicada na carta que ele irá escrever ao pai Espanca, em seguida.

[3] Impressiona, à primeira vista, a amizade e a boa-fé de Moutinho por Florbela; mais tarde, todavia, ver-se-á qual o verdadeiro teor delas. Para lhe facilitar a rápida separação, já que ela se encontra "noiva" (informação que provavelmente lhe foi confiada pela própria Florbela e não, como ele o afiançará ao ex-sogro, por terceiros), ele se dispõe a um divórcio litigioso (visto que este processo é o que demanda menos tempo), em que ele seja declarado culpado, devendo ela obter as testemunhas para que tudo caminhe em ritmo açodado; desde, portanto, que tudo decorra sem "publicidade". O Domingos Rosado é, como se verá, depois, o advogado comum que Moutinho indica, agora, à Florbela, a fim de que comece a causa.

[4] Pelo que se sabe, este emprego de Moutinho foi obtido graças à mediação do pai Espanca, que é muito amigo de Ramos e Costa (aquele mesmo senhor a quem Florbela se referira com tanto empenho na carta de despedida ao ex-marido). Moutinho fora admitido no Banco Nacional Ultramarino de Portimão, recentemente, em 28 de maio de 1920.

31(2)

{16/07/1920}

Portimão, 16 de Julho de 1920[1]

Senhor Espanca

Acuso a recepção de sua carta de 14 corrente que agradeço. Como me diz que está autorizado a tratar de todos os assuntos que interessem a sua filha, tratarei com o Senhor como se fosse com ela. Já há bastante tempo que escrevi uma carta a sua filha para que requeresse ação de divórcio contra mim, por abandono do lar, e que arranjasse as testemunhas que eram precisas para isso pois eu não contestaria a ação e assim com facilidade arranjaria quem fosse dizer no tribunal que eu tinha abandonado o lar conjugal no prazo marcado pela lei.[2]

As razões que me levam a fazer esta proposta também as disse a essa Senhora[3] e repito-as: Quando fui a Évora vender algumas coisas que foram da nossa casa foi para tentar negócio e pagar um compromisso que tinha tomado e a que não podia faltar.[4] Tentei a fortuna, tive sorte e ganhei algum dinheiro, que empregava logo de maneira que quando sua filha completou a idade legal para o divórcio de comum acordo eu tinha já perto de dez contos, a maior parte do qual em sardinha estivada que estava em poder da casa Parodi de Gênova, e que só deveriam satisfazer em março do corrente ano. Disse então que só depois das férias da Páscoa trataria do divórcio,[5] porque só nessa altura teria tudo liquidado e então já eu podia atingir o fim que me tinha proposto quando pensei em arranjar dinheiro. Nessa altura não se liquidaram as contas por vários motivos o que só se fez passado tempo. Entretanto fui a Lisboa em negócio e soube — confesso que

150

com bastante pasmo — que essa Senhora tinha um namoro, — mesmo antes de estar divorciada! — Era chegado o momento oportuno do divórcio, mas aparece-me ocasião de duplicar o meu dinheiro e eu empreguei-o todo.[6] Mas o azar que não me tinha esquecido lembrou-se de mim naquela noite do eclipse da lua, e o mar que me tinha dado todo o dinheiro afundou-me o barco onde tinha toda a minha pequena fortuna, e matou-me três homens. Fiquei sem vintém. Já não me servia de nada demorar o divórcio.[7] Para recomeçar faltava-me o tempo e sentia também que não merecia a pena trabalhar para talvez no fim ser mal compreendido. O meu fim era arranjar dinheiro para deixar a sua filha se me matasse como pensava, ou oferecer-lho como recompensa material do prejuízo que por ventura tivesse sofrido com o casamento. Foi esta a razão porque eu não me quis divorciar logo que essa Senhora atingiu a idade legal.[8] Se nos divorciarmos de comum acordo só daqui a dois anos, quase, poderemos casar. Se ela tentar a ação e conseguir as testemunhas em menos de um ano seremos finalmente livres. {pequeno espaço ao final da linha} A ela não lhe convém esperar muito e a mim ainda menos convém estar casado, ainda que seja só de direito, e não de fato, com uma criatura que, mesmo casada, namora.

Por todas estas razões, e ainda por terem deixado de existir as que me impediam de me divorciar de comum acordo, eu aconselho o Senhor Espanca, como pai dessa Senhora, a ir falar com o Senhor Dr. Domingos Rosado a quem no mesmo correio escrevo sobre o assunto. Espero que farão as coisas sem barulho, até sem a publicação nos jornais, pois não quero que o meu nome seja amesquinhado, pela mesma razão por que não quero também servir-me do fato dessa Senhora ter já um namoro, o que é do conhecimento de muita gente, que se ofereceu para o que eu quisesse, para causar qualquer escândalo que a envolvesse e com ela a toda a família, ao meu amigo Apeles principalmente, a quem estimo como a um irmão.[9] Creio que compreende ser esta a maneira mais rápida de se liquidar esta questão, e também a mais conveniente, embora seja eu mais uma vez o sacrificado, moralmente.[10] Não sei se a procuração que essa Senhora lhe passou o autoriza a tratar deste negócio, mas o Dr. Rosado decerto o informa. O que é preciso é que isto se resolva depressa.

Agora tratemos doutro assunto:[11]

Então como vai a respeito de antiguidades? Eu tenho em frente da minha casa algumas coisas bonitas, principalmente uma papeleira antiga com a frente abaulada, muito bonita. Comprei há dias uma lindíssima jarra do Japão, por quinze mil réis a uma velhota do campo, que ofereci para uns anos duma criatura em Lisboa. Gostava que a tivesse visto. Por aqui há pouca coisa. Só uma criatura que mora no Castelo d'Arade, o Dr. Coelho de Carvalho, é que, segundo me dizem, tem um museu em casa. Um dia que vá a Évora, há de dar-me licença de ir a sua casa ver as preciosidades que deve ter.

Peço-lhe me diga o que é feito do Apeles. Quero escrever-lhe para o convidar a vir passar uns dias a minha casa em Portimão — casa de homem só, mas de amigo — para ele ver a praia da Rocha e passearmos por lá juntos, cavaqueando como nos tempos de rapaz. Igual oferecimento lhe faço: se quiser utilizar-se do meu humilde casebre. Com muito prazer o receberei, apesar de não o poder receber com as comodidades com que me recebia na sua casa quando eu era solteiro,[12] pelo que lhe estou eternamente grato assim como à D. Henriqueta. No entanto encontrarão boa vontade, ama e comida, e um estafermo duma velhota que me rouba o que pode. É pois favor dizer-me o que é feito do Apeles para eu lhe escrever.

Espero que tratará do assunto que nos interessa com a máxima brevidade, dizendo-me sempre o que se lhe oferecer sobre o caso.

Aguardando as suas ordens sou com consideração

Alberto da Silva Moutinho.

[1] Esta carta de Alberto Moutinho para o pai Espanca traz a mesma rubrica da carta anterior e está hoje depositada na Biblioteca Pública de Évora. Esta carta foi escrita seis dias após àquela que Moutinho endereçou a Florbela. Tudo indica, como salientei, que, depois de haver recebido a carta de Moutinho, Florbela, ainda de Lisboa, teria escrito imediatamente ao pai que, por sua vez, se comunicara com Moutinho na citada carta de 14 de julho de 1920. É muito provável que quando Moutinho escreve esta carta ao pai Espanca, Florbela já se encontrasse, pois, no Porto, com Guimarães.

[2] Constata-se, agora, que a causa do divórcio litigioso seria "abandono de lar", por parte de Moutinho.

[3] Há, como se pode observar, um certo rancor nesse tratamento que Moutinho oferece a Florbela na carta que dirige para o pai Espanca.

[4] O leitor vai se interessar pela argumentação de Moutinho, um tanto fantasiosa, um tanto disparatada. Repare-se que Moutinho vende bens que foram da casa do casal e faz negócios com esse montante obtido. Aparentemente, só agora ele dá satisfação do uso desse dinheiro que pertenceria a ambos.

[5] As cartas de Moutinho referentes a tais notícias não são conhecidas.

[6] Ora, muito embora fosse a ocasião apropriada para tratar do divórcio (Florbela tinha um "namoro"), mesmo assim Moutinho resolve não fazê-lo porque prefere empregar o dinheiro num negócio de grande lucro: bizarra explicação para quem, mais abaixo, vai se considerar lesado moralmente!

[7] Visto que falhou inteiramente no emprego do dinheiro comum, e que perdeu, portanto, também o dinheiro de Florbela, ele está livre, agora, para dar ensejo ao divórcio! Argumento um tanto estapafúrdio!

[8] Parece, de fato, a Moutinho, estar tratando da sua honra, visto que invoca até mesmo um suicídio heróico e reparador. Mas a questão é que ele não refere qual é o montante que deve a ela... Compreende-se, agora, a razão da generosidade de Moutinho: há, implicitamente no seu discurso, uma proposta de troca de favores: ele lhe concede facilmente (e rapidamente) o divórcio enquanto ela faz vista grossa acerca do negócio desastroso que ele perpetrou com os bens dela, e sem autorização dela, visto que ela está "noiva", portanto, com culpa no cartório...

[9] O rancor persiste e, já agora, fica mal disfarçado. Repare-se como há, aqui, uma nobre desistência de ameaças à Florbela...

[10] Ele é, "mais uma vez o sacrificado, moralmente", enquanto ela é a sacrificada... economicamente. Há, portanto, como já adiantei, a proposta de uma barganha nítida: troca-se um bem moral por um bem material.

[11] É muito bizarra esta entrada para um outro assunto tão prosaico, como se verá, numa carta desta natureza. Todavia, logo a seguir, se vislumbra a razão por que ela se dá. Moutinho, no seu orgulho masculino ferido, pretende mencionar uma certa "criatura em Lisboa"...

[12] Quando "era solteiro"? E Moutinho não viveu, com Florbela, na casa do pai Espanca, depois de casado? Certamente isto é relevado porque deve ficar na conta da obrigação de sogro...

31(3)

{25/08/1920}

Praia das Maçãs
Hotel Bogal
Agosto 25, 1920

Exma. Senhora[1]

Já há mais tempo que devia ter escrito a V. Excia. para em meu nome e do Liberato, agradecermos imensamente penhorados a V. Excia. e seu Exmo. marido os cuidados e a bondade que tiveram com o nosso filho.

Ele gostou imenso de estar em casa de V. Excias. e fala-me muito com saudade nesses dias. Creia, minha senhora, que tenho pena de não a conhecer e de não poder agradecer-lhe de viva voz.

Quando voltarmos ao Porto, terei então o prazer de visitar V. Excias.

A nossa casa em Lisboa, Rua das Taigoas, 2, e o nosso fraco préstimo estão sempre ao dispor de V. Excias.

O Luiz tem continuado os seus banhos aqui, para onde vim logo a seguir.

Aceitem V.Excias muitos cumprimentos do Liberato e meus. E afeituosas lembranças do Luiz.

Creia-me,V. Excia. sempre mto obrigada

Maria Augusta Supico Ribeiro Pinto[2]

[1] Carta pertencente ao espólio depositado na Biblioteca Pública de Évora, e dirigida à

Madame António Guimarães
Rua do Godinho 146
Matosinhos
Porto

Como se pode constatar por esta carta, Florbela reside, pelo menos desde agosto de 1920, com Guimarães, na Rua do Godinho 146, em Matosinhos, Porto. Florbela ainda não está divorciada de Moutinho, agilizando-se para tal, de maneira que, uma vez obtido o divórcio, será deferida pelo Ministro da Guerra, em 30 de maio de 1921, a autorização, requerida por Guimarães, para casar-se com ela.

[2] A carta agradece à Florbela e a Guimarães a gentileza de terem hospedado, em sua casa, o Luiz, filho de Maria Augusta e de Liberato, que, aparentemente, estaria em Matosinhos para submeter-se a um tratamento de banhos. Portanto, se o casal pôde receber alguém para hospedar em casa durante esse período que parece tão crítico, fase de mudança, de adaptação em lugar estranho, estando Florbela grávida e sob cuidados de saúde, além de ainda continuar casada com outro — é porque as circunstâncias que envolvem o casal não são, de fato, conhecidas de todos.

A carta dá a entender que se trata de um lar de confiança e de muito respeito, o que contrasta com a informação de Rui Guedes de que o casal teria sido obrigado a mudar-se, em outubro, do Castelo da Foz para esse endereço, pressionado pelos superiores de Guimarães por ela não ser sua "legítima esposa" (confira o leitor à página 54 do livro deste autor intitulado *Acerca de Florbela*). Assim, é de se convir, que, contrariamente ao que Guedes assegura, Florbela segue para este endereço, quando chega ao Porto, e que, somente mais tarde (dezembro de 1920, janeiro de 1921?), vai residir no Castelo da Foz.

Note-se que esta carta é de 25 de agosto de 1920, e que Florbela teria viajado para o Porto em meados de julho, portanto, há pouco mais de um mês, e que, malgrado este entretempo, já tivera tido a oportunidade de hospedar (por quanto tempo?) esse rapaz Ribeiro Pinto que, aliás, é, nada mais nada menos que filho de Liberato Damião Ribeiro Pinto (1880-1949), que foi presidente do ministério português entre 29 de novembro de 1920 a 02 de março de 1921. Aliás, o Tenente Coronel Liberato Pinto era chefe do Estado Maior da Guarda Nacional Republicana durante essa ocasião.

5. Évora: Inventários e cumplicidade sexual

("Meu Preto Pequenininho")

Florbela em Janeiro de 1919

32

{14/01/1921}

Évora 14 de janeiro de 1921

Meu Toninho querido[1]

Então o que tem feito o meu preto pequenino sem a sua mulher?[2] Tenho tantas saudades, tantas! Já me parece que há um mês que num dia de chuva triste e sombrio eu vi pela última vez o meu homem com um pé num degrau duma escada carunchosa e o outro pé noutro degrau, de botas enlameadas a olhar muito tristinho, a espreitar uma pobre mulherzinha que se afastava, que se afastava... Há tanto tempo já! Chegamos às 3 horas da tarde e a viagem extraordinariamente maçadora foi um pouco amenizada pelo palrear incessante do digníssimo deputado Manuel Fragoso, que só me falou no meu livro de que eu já quase me não lembrava e me prometeu para hoje uns livros para ler enquanto cá estou. São 5 horas e meia e sua excelência ainda se não dignou aparecer com os livros.[3] Levantei-me às 11 horas, fui meter o nariz na mala que vinha um Rilhafoles em miniatura, deslumbrar a Henriqueta com as minhas riquezas e instalar-me no meu solitário quarto de viuvinha triste.[4] Não consegui dormir quase nada, sempre com frio, com a roupa toda a cair, uma catástrofe![5] Passadas três horas venho acabar esta carta e dizer-te que o senhor deputado me trouxe agora as seguintes peças teatrais: *Le Secret* Bernstein — *L'amour Veille* Flers — *Le Phalène* Bataille — *Le Coeur dispose* Croisset — *La prise de Berg-op-* *-Zoom* Guitry — *Le songe d'un soir d'amour* Bataille — *La gamine* Veber — Calcula tu a riqueza, Toninho! Só me falta a minha cadeira palha, a "Miss" a puxar-me pelo casaco, e o meu Tónio a passar ajoujado com o cofre das massas para trás

159

e para diante, de barrete enterrado na cabeça, e de olhinhos verdes a brilhar.[6] Estou a escrever-te sentada à braseira, a Henriqueta a sarilhar e o pai a citar teimosamente versos de Camões: {"} Esta é a ditosa pátria minha amada..." Que chato, pai![7] A respeito dos livros encontrei apenas uma centena deles, felizmente completos, o resto voou para longínquas paragens... ainda assim é uma mala cheia que constitui um complicado problema a resolver quando da minha volta ao querido ninho.[8] Tem cautela contigo, meu pequeno, vê não te constipes; não te aconteça mal, pelo amor de Deus que eu morria doida, meu amor! Cautela com os carros elétricos e com as mulas más e com os cavalos. Lembra-te que és a razão da minha vida que és mesmo toda a minha vida.[9] Mando-te um artigo magistral original da pena inspirada de Vasco Falcão e dedicado à tua ilustre mulher. Faltam dois dos "pedaços d'alma" que bem podiam chamar-se "Pedaços d'asno". Admira, querido![10] Vou amanhã mesmo falar com o advogado acerca do que mais nos interessa.[11] Toma cuidado com a Miss e com a Talassa[12] e com os pintainhos e com os ovos e com os coelhos e mata a majora.[13] Os meus cumprimentos afetuosos ao Carrapatoso[14] e diz-lhe também que mate a majora. Soidades à Maria.[15] Soidades do pai e da Henriqueta.[16] Escreve muito e diverte-te, sim, meu pequenino santo? Adeus meu preto todas as saudades, todos os beijos e todo o amor da tua mulherzinha que te quer muito

Bela.

PS. Muitas festas ao pirilau.[17]

[1] O telegrama de 6 de julho de 1920 encerra, portanto, a 3ª fase desta correspondência, a de Lisboa, sendo a derradeira peça de que se tem notícia antes desta. Quase seis meses depois, portanto, já em Évora, aparentemente para uma temporada com o pai, para tratar do divórcio e buscar seus pertences, Florbela volta a escrever ao marido nesta sexta-feira, dia 14 de janeiro de 1921.

Não há mais nenhum indício da gravidez de que as cartas de Lisboa tratavam. Muito provavelmente Florbela deve ter sofrido um aborto involuntário, como da outra vez. Há também registro de outro aborto involuntário, em novembro de 1923, segundo consta, na cozinha da sua casa, em Lisboa, já na Rua Josefa d'Óbidos 24, 4º andar, na Graça. Florbela teria tido, portanto, três abortos involuntários, dois deles quando se encontrava na companhia de Guimarães.

[2] Ao que tudo indica — e observe-se o tratamento usado no cabeçalho da carta, acrescido do "meu preto pequenino" logo na primeira linha — o casal anda em grandes arrebatamentos amorosos.

[3] Florbela parece ter viajado no dia anterior; provavelmente partindo do Porto, viagem cansativa e alongada. Como se verá, Guimarães a acompanhou até Lisboa e regressou ao Porto. Na volta, ele deve proceder da mesma forma, como se verá. O livro referido só pode ser o *Livro de mágoas*; ela quer dar a impressão de que está muito distante daquilo que rodeou a escrita desse seu primeiro livro — ou, de fato, está.

[4] Florbela se encontra em casa do pai, e refere Henriqueta, sua madrasta atual (ex--criada da casa, como já se adiantou).

[5] Neste ponto, Florbela interrompe a carta por três horas para atender ao tal Deputado Manuel Fragoso que lhe trouxe peças em francês para o seu entretenimento, títulos que Florbela compartilha, agora, com Guimarães.

[6] Florbela tem o dom da tonalidade humorística. Descreve-se e ao marido no doce aconchego do lar burguês, caricaturizando a cena com Guimarães vergado sob o peso do cofre repleto de ouro, cogitando em como fazê-lo render ainda mais... "Miss" deve ser o nome da cachorra que, num postal de 5 de julho de 1917, dirigido a ex-cunhada Lina Moutinho, Florbela mencionava.

[7] A cena verdadeiramente burguesa é aquela de que ela participa agora, em casa do pai, em volta do braseiro...

[8] Florbela certamente se refere aos seus pertences deixados em casa de Moutinho e que migraram de volta para a casa do seu pai, muito embora se ressinta do desaparecimento de outros tantos volumes.

[9] Esta confissão também se encontra ao final do quarteto inicial de um dos seus futuros célebres poemas do próximo *Livro de Sóror Saudade*, do soneto "Fana-tismo":

> Minh'alma, de sonhar-te, anda perdida,
> Meus olhos andam cegos de te ver!
> Não és sequer razão do meu viver,
> Pois que tu és já toda a minha vida!

[10] Não sei precisar quem é Vasco Falcão, mas pode ser um intelectual local que Florbela aparentemente despreza. No seu acervo pessoal, nos guardados que deixou em casa de Guimarães quando o abandonou (e que se encontram depositados hoje na Biblioteca Pública de Évora), este recorte não comparece.

[11] Esta, portanto, a verdadeira razão do deslocamento de Florbela para Évora: procurar agilizar e ultimar o seu divórcio com Moutinho.

[12] "Talassa" é nome de um animal doméstico de Florbela, talvez de uma outra cadela — ou de uma gata? Segundo o Dicionário Moraes (e como já esclareci a propósito da colcha em cima da cama em que Florbela escreve uma carta para Guimarães, na primeira fase da correspondência, em Lisboa), significa, na sua acepção depreciativa, ser "membro do antigo partido franquista; por extensão, monárquico, indivíduo adverso à forma republicana de governo, em Portugal".

[13] Como se verá mais à frente, a casa de Florbela e Guimarães se localiza, desde algum tempo, na residência militar no Quartel do Castelo da Foz. A dita "majora" deve, ser, portanto, a mulher do major, que, a crer no pedido de Florbela, deve ser pessoa extremamente indesejável.

[14] Quanto à majora — tratar-se-á de fato de uma mulher de um militar que tem infernizado a vida de Guimarães e do Carrapatoso?

Interessante observar como Florbela, tendo sido criada na província, dá importância aos animais de criação. Nas cartas que ela escreve de Quelfes a Henriqueta, durante o seu estágio de recuperação do aborto hemorrágico (de abril a meados de julho de 1918), reclamando do ócio em que se encontra, da bruteza das pessoas, da falta de entretenimento e de algo para fazer, ela chega a comentar (carta de 27 de maio) o seguinte: "não imaginas como eu aqui passo os dias aborrecida. Não há ninguém com quem a gente converse; são todos mais brutos que o Tapadas. Não há umas galinhas ou coelhos, enfim, não há nada com que a gente se entretenha. Passo o tempo a contar os dias que faltam para me ir embora".

[15] Trata-se, com probabilidade, da empregada do casal.

[16] O pai e a madrasta estão, já nesta altura, completamente a par da situação de Florbela, já que o próprio pai a representara junto ao ex-marido a fim de tomar as medidas para a separação legal de ambos. Assim, nesta altura, o seu relacionamento com Guimarães é perfeitamente legítimo aos olhos dos seus familiares.

[17] "Pirilau", "pilinha", "pomba" etc., são designações correntes do órgão sexual masculino, tal como o registra o Moraes. No vocabulário amoroso íntimo e privado do casal, Florbela utiliza tal expressão para demonstrar, marotamente, a sua carência sexual, já que está distante do seu homem. Esta é a primeira das muitas vezes em que ela usa tal expressão, como se verá.

33

{15/01/1921}

Meu adorado Toninho[1]

Évora 15-1-1921

Recebi ontem à noite o telegrama que mandaste da Foz. Desejo que tivesses encontrado tudo bem na nossa casinha. Espero com ansiedade a primeira cartinha tua que já cá devia estar. Estou a escrever-te sentada a uma janela com o papel em cima dum livro e o tinteiro no chão; é 1 hora e meia, a hora de ir até às galinhas a ver se já havia algum ovo. Há quanto tempo isso foi! Escreve para cá só até ao dia 23 ou 24 porque dia 26 pela manhã partimos para Vila Viçosa. O carnaval é dia 8 e já vejo que para minha desgraça o vou passar no covil enjaulada como as feras perigosas. Pouca sorte a da pobre Bela! Não posso ainda hoje falar com o advogado nem amanhã que é domingo, de forma que só segunda-feira te poderei dizer qualquer coisa a esse respeito. Há só um comboio dia sim dia não para Lisboa de forma que não estranhes nem te inquietes por alguma pequena demora na correspondência. Aí vai um belo soneto que as saudades tuas me trouxeram ontem; só quando estou triste sei fazer versos com jeito como esses. Provavelmente não gostas...[2] Disse-me ontem a Henriqueta que o Apeles tinha dito sabendo que eu vinha: "Manda-la-á ele para se descartar dela?..."[3] Como te conhecem pouco, meu pequenino! Que valente puxão d'orelhas ele merece por esta frase, mais tarde! Sempre aquele senhor irmão me saiu um fúfio! Soidades à Maria, à Miss e à Talassa. Parece-me ainda que sonho e logo que desperte me vejo ao pé de ti. Quere-te muito, muito a tua mulherzinha querida Bela.

PS. Beijinhos para o pirilau[4] e desejo que tenha muito juízo, ó viu?...

---

[1] Carta escrita no dia seguinte à anterior, portanto, no sábado. Vê-se que Guimarães já regressou ao lar que, agora se confirma, fica no Castelo da Foz.

[2] O soneto é o que se segue, o "Caravelas...", reproduzido em anexo a esta carta. O poema, como se verá, é um tanto depressivo, razão por que Florbela supõe que Guimarães não o apreciará. A propósito, há, da parte de alguns biógrafos de Florbela, a suposição (um tanto mecanicista) de que seus poemas refletem diretamente o seu estado de ânimo. Posto isso, eles se julgam com direito a legislar se Florbela atravessava ou não uma boa fase com este ou com aquele marido, quando produziu tal soneto.

[3] Henriqueta, como se percebe no transcorrer da correspondência com Florbela, não é nem um pouco discreta, e comenta indiscriminadamente assuntos de um com outro. Mas aqui, o comentário desfavorece antes à Florbela que a Guimarães, pois que Apeles, que conhece muito bem a irmã que tem, imagina que ela esteja de fato a dar nós na cabeça de Guimarães...

[4] De novo, o aceno da carência sexual e, já agora, a brincadeira sobre ter juízo.

33'

{14/01/1921}

Caravelas...[1]

Cheguei a meio da vida já cansada
De tanto caminhar! Já me perdi!...
Dum estranho país que nunca vi
Sou neste mundo imenso a exilada.

Tanto tenho aprendido e não sei nada.
E as torres de marfim que construí
Em trágica loucura as destruí
Por minhas próprias mãos de malfadada!

Se eu sempre fui assim este Mar Morto,
Mar sem marés, sem vagas e sem porto
Onde velas de sonhos se rasgaram!

Caravelas doiradas a bailar...
Ai quem me dera as que eu deitei ao mar,
As que eu lancei à vida e não voltaram!

Bela

Évora 14/1/1921

---

[1] Poema escrito um dia antes da carta anterior e enviado para Guimarães no verso dessa carta de 15 de janeiro. Tal como se encontra transcrito aqui, ele foi publicado, apenas com pequenas alterações de pontuação, no *Livro de Sóror Saudade*, onde comparece em 13º lugar. Não consta do *Livro do nosso amor*, mas comparece no *Claustro das quimeras*, em 32º lugar, com a indicação de "Évora" ao cimo esquerdo da página.

34

{16/01/1921}

Évora 16-1-1921

Tónio querido[1]

Ora o fúfio do Toninho que não escreve à Bela!... Esta
beleza de serviço dos correios e caminhos de ferro é que têm
certamente a culpa desta lindíssima coisa. Eu quero o meu
Tónio, ai, ai, ai! Escreve cartas muito, muito grandes, sim?
Estou a escrever-te mas a carta não a mando hoje porque só
amanhã é que há comboio para Lisboa. São 5 horas da tarde
e estou a escrever-te junto da braseira; já tenho as pernas
quase assadas. Já te escrevi três cartas (com esta) dize pois
se as recebes ou não. Estou tão aborrecida meu Toninho
querido! No meio deste enormíssimo fastio que como uma
nuvem de tempestade envolve tudo, o lembrar-me de ti, da
nossa casinha, da nossa tão doce intimidade, é como se um
lindo raio de sol me iluminasse toda. Pensar que em alguns
dias vou encontrar o meu paraíso perdido é o bastante para
me fazer sorrir.[2] Querido Tónio da minh'alma! Foi hoje a
primeira vez que saí; fui a casa dessa Móca de quem às vezes
te tenho falado:[3] foi um acontecimento a minha passagem
pelas carcomidas ruas da cidade. O gentilíssimo (ai credo!)
vulto da tua mulherzinha deslumbrou os indígenas do sertão
alentejano! Tudo saiu das palhoças e veio mostrar, à porta,
as tangas sarapintadas. Que gente, santo Deus, e que castigo
se tivesse sempre de viver aqui! O meu pai agora folheando
o ABC perguntou-me à queima roupa se eu sabia quem era
o pirilau! Não conheço eu outra coisa e é bem bom, oh s'é![4]
Tenho tantas saudades! Até amanhã Toninho, um beijinho
grande da fuinha da Bela.

166

[1] Carta escrita no dia seguinte à anterior, no domingo.

[2] Agora se percebe porque Florbela anelava tanto por sua "casa", e o quanto, de fato, fazia-lhe falta a existência de um lar, que ela chama mesmo, como se vê, de "paraíso perdido".

[3] Móca é o apelido de Mónica Berlim, a quem Florbela escreve em 30 de maio de 1909, perguntando a propósito do sarampo ou da preguiça, num postal brincalhão, mas onde se confessa triste e aborrecida. Há também um outro postal de Florbela a ela dirigida, do Hotel Francfort, de Lisboa, indagando pela abertura das aulas — datado de 3 de outubro de 1910. Conhece-se, ainda, um outro postal, onde Florbela se declara doente, razão por que não lhe tem escrito; nele, Florbela pede notícias do seu pai e de toda a "minha gente" — em 2 de março de 1913. Móca é, portanto, sua amiga de longa data.

[4] Florbela não se esquece do apelo sexual a Guimarães nestas cartas escritas de Évora.

34'

{17/01/1921}

Évora 17 janeiro 1921[1]

Olha bem para o assunto de que te vou falar e que é importantíssimo; creio ser bem do nosso interesse o que acerca disto te vou expor. Tu és uma criatura que podes pensar razoavelmente sobre qualquer coisa e eu farei o que tu achares bem, limitando-me a dar-te a minha opinião. Como senhor que és da minha vida nada farei sem te consultar mesmo nas coisas sem importância alguma. Falou-me hoje o pai no seguinte, vê se compreendes bem: Tu sabes que a Mãe Mariana está separada de meu pai há 16 anos e por conseguinte com uma razão concludente para se divorciarem; não tem dificuldade alguma quer ele ou ela proponham o divórcio; compreendes? Ora o meu pai quer agora à viva força, para casar-se com a Henriqueta, divorciar-se da mãe Mariana;[2] propôs-me o seguinte que eu peço que medites: dá 10.000$00 a ela, ou antes a mim, ou antes a nós com a condição de a termos na nossa casa e de lhe darmos o necessário para viver. Ora ela pode viver dois ou três anos porque tem diabetes e porque tem um tumor e por conseguinte alguma coisa haveria a ganhar apesar da chatice de a aturarmos esse tempo.[3] Pensa bem se valerá a pena, meu amor. Eu de forma alguma quero influenciar-te neste ou naquele sentido; pensa bem e dize qualquer coisa a este respeito. Eu não sei ainda mesmo se a mãe Mariana estará d'acordo, ao que não creio. Eu fui encarregada de lhe propor o divórcio nas condições em que te disse.[4] Nada farei, porém, sem te consultar visto que é esse o meu dever e que não poderei fazer sem o teu consentimento. Vê bem o que achas que é para eu proceder segundo a tua opinião. Eu acho que mereceria a pena, vê tu. Ela chateou-me da outra vez porque eu estava doente e por conseguinte impossibilitada de olhar pela minha casa mas estando eu boa nada disso que sucedeu, sucederia.[5] Agora outra coisa que também me interessa: não descures a tua ida a Guimarães para trazer as tuas coisas que ainda lá tens e peço-te nesta altura um grande favor: para me mandares ou quando me vieres buscar à Lisboa trazeres algum fato teu velho seja o que for, coisas com que tu já não possas sair. Tu não precisas de fato para trazer por casa e eu tinha imensa vontade de que me trouxesses qualquer coisa. Tenho um tio assim pobre com seis filhos quase do mesmo tamanho e andam que é uma miséria. Meu pai lá lhe dá o que pode mas para o pai e seis filhos calcula que não há fato que chegue. Tenho um de sete anos que é mesmo meu afilhado e anda numa desgraça, coitadinho. Alguma coisa velha que lá tenhas para Guimarães ou mesmo teu irmão que já não queira, agradeceria-te muito; não te esqueças, não?[6] Vê não te esqueças também de mandares buscar a farda que emprestaste ao outro alferes. Tu és às vezes uma cabecinha tonta...[7] Vou agora 2 horas da tarde dar um passeio pelo campo com o pai e com a Henriqueta; está um sol de primavera e tudo em torno a mim é alegre menos eu.[8] Vim agora, 5 horas, do passeio à quinta; estou empanturrada de laranjas. Que saudades de ti, querido, que saudades! Nada me apetece, tudo é chatice, ando com uma cara de idiota que com certeza têm vontade de me bater. O pai quer amanhã ir a Setúbal comprar umas coisas antigas comigo e com a Henriqueta mas ela não está para maçadas e eu parece-me que também não. Hoje esteve a dizer-me que me dava quatro pratos. Isto é que é um melro![9] Mas eu disse-lhe: Então já diminuíram dois? E queria dar-me os mais feios mas eu é que hei de escolher. O tempo não está para patetices e já basta de patetices na minha vida. Vê tu também se vais a Guimarães buscar o que te pertence; tudo quanto pudermos acarretar para a nossa casinha, nosso é. Não te esqueças de mandar arranjar pelo 15 a cama e a secretaria. Então afinal quantos pintainhos temos? Tenho já muitos ovos? Vê não falte a erva aos coelhinhos que a Maria às vezes é descuidada; dize-lhe que quando for a casa vá à Lúcia para que lhe dê o resto dos novelos de bordar as camisas que devia ter sobrado muito e um pedaço de tule de renda que ela levou para encaixe duma camisa mas que não chegou a fazer porque eu lhe não mandei o pano. Não quero ficar sem essas coisas e é já tempo de lhas mandar pedir. Responde numa carta muito grande, sim, Toninho? Já estou a estranhar a tua falta de notícias pois que já cá estou há quatro dias e ainda nem uma carta recebi tanto te recomendei que escrevesses ainda de Lisboa![10] Há quem tenha cá e quer me dar, se eu quiser, um *danois* muito bonito mas já grande. Dize se o queres se vale a pena levá-lo, se por acaso não tens lá o outro que para lá queres levar, um cão que não presta para nada e feio. Sempre sai asneira quando fazes qualquer coisa sem me consultares, o que tu nunca devias fazer principalmente nestas coisas. Enfim... Se para lá t'o impingirem oferece-o ao Carrapatoso. Lembra-te que nós moramos eternamente no Castelo[11] o que já é chatice e é despesa andar com um cão às costas quanto mais dois e então sendo um grande, havendo depois também a dificuldade das casas. Mais nesse caso valeria este que é ao menos um cão de valor e esse que te querem dar é uma boa porcaria. Dá o cão a quem quiseres mas eu é que não o quero. Trata bem a Miss. Dá-lhe saudades e à Maria. Muitos beijinhos da tua mulher amiga

Bela

[1] Carta datada do dia seguinte ao da carta anterior, portanto, escrita na segunda-feira, mas redigida no verso da carta anterior. Vê-se que surgiu um assunto urgente que obrigou Florbela a comunicar-se imediatamente com Guimarães.

[2] Mariana do Carmo Inglesa, a "Loira", primeira esposa de seu pai, é também madrinha de Florbela, e criou-a como filha sua, bem como a Apeles, seu único irmão, pois que Florbela e Apeles são filhos de Antónia da Conceição Lobo com João Maria Espanca. Este vivera com a empregada Henriqueta de Almeida sob os olhos complacentes da mulher, de quem se separara há 16 anos, como o diz Florbela. Mariana vive em Lisboa e o divórcio entre ambos será promulgado em 9 de novembro de 1921, e o pai Espanca vai se casar com Henriqueta em 4 de julho de 1922. Mariana que, desde 1915, sofre de um tumor no útero, falecerá em dezembro de 1925.

[3] A proposta do pai é extremamente prática, assim como o raciocínio de Florbela, que se torna marcadamente frígido se o considerarmos dirigido para aquela que a criou: ao mesmo tempo em que ajuda o pai nessa contingência, Florbela recebe um montante apreciável para quem está sempre sem fundos. Mas Florbela demonstra, aqui, como se vê, uma objetividade quase cruel: considera que ela viveria mais dois ou três anos; considera que a chatice de suportá-la seria compensada monetariamente.

[4] O pai Espanca é, decididamente, muito bizarro: incumbe a filha de propor o divórcio à madrasta.

[5] Agora Florbela ameniza um tanto a dureza do seu raciocínio, mostrando que Mariana não seria assim tão inconveniente quanto a havia pintado no trecho anterior. Talvez a ideia que Guimarães tenha dela tenha sido filtrada por esse episódio que Florbela refere agora; e daí Florbela tivesse exposto o assunto a partir do ponto de vista que fornecera a Guimarães acerca desse acontecido. Quem sabe?

[6] Florbela desarma qualquer avaliação moral que se faça a seu respeito. Acaba de ser quase indesculpável com Mãe Mariana e já em seguida tem uma atitude admirável e generosa para com a família do tio. Ela se refere ao tio, irmão do pai Espanca, e a um dos seis filhos, o Túlio Espanca, a quem batizara em 8 de maio de 1913, e de quem era, portanto, madrinha.
Em toda a correspondência que mantém com ele, há sempre a preocupação de enviar alguma roupa, algum alimento, algum dinheiro para ajudar a família.Túlio Espanca virá a ser o editor de *A cidade de Évora*, e também vogal da Academia Portuguesa de História e da Academia Nacional de Belas Artes, profundo conhecedor da arquitetura eborense, raro talento e autodidata irrepreensível.

[7] Florbela se mostra, como se nota, sempre muito atenta no que concerne às suas atividades domésticas e de esposa, e sempre um tanto maternal para com Guimarães.

[8] Florbela interrompe, neste passo, a carta para ir à quinta com o pai e com Henriqueta, tal como anunciou.

[9] A acepção para "melro" é finório. Florbela tem o hábito de fazer críticas ao pai Espanca para Guimarães; desta feita, como se vê, por ele não ter mantido a palavra e por estar se aproveitando da distração da filha.

[10] Agora se confirma, de fato, que Guimarães acompanhou Florbela, nesta sua viagem a Évora, até Lisboa. Florbela lhe escreveu na sexta-feira (um dia depois que chegou), no sábado, no domingo e agora na segunda, e ainda não lhe veio nenhuma carta de Guimarães, salvo um telegrama.

[11] Como se constata claramente neste passo da carta, Florbela e Guimarães vivem atualmente no Castelo da Foz, em residência do quartel, tendo deixado a casa (aquela, referida por Maria Augusta Supico Ribeiro Pinto) de Matosinhos.

35

{18/01/1921}

Meu adorado Toninho[1]

Évora 18 janeiro 1921

Recebi ontem à tarde a tua primeira carta que por um verdadeiro milagre cá chegou. Sempre me saíste burro como mais burro não pode ser! Estás fartíssimo de saber a direção, fartíssimo! E ainda tens o descaramento de ma pedir! Tolera-se uma distração mas tantas, safa que é burro! burro!! burro!!! A tua carta vinha bastante alegre, divertida mesmo. Passaste então um ótimo dia e ainda uma mais ótima noite em Lisboa?! Bom é isso. Saudades de mim!... Tu tens lá tempo para isso!... Não te faço falta, porque diabo terias tu saudades de mim?! Saudades, saudades! Tu tens lá feitio e tempo para coisas tão tristes! Meu preto pequenino lembro-me tanto de ti e tenho já tão pouca paciência para cá estar ainda três semanas! Assim que chegar o dia 11, que é com certeza esse o dia em que faz três meses que terminou o prazo dos bilhetes, pede imediatamente o outro para vires a Lisboa buscar-me. Olha que eu quero chegar a Lisboa dia 16, o mais tardar! Tenho saudades de ti, da minha casinha e de tudo, pronto, pronto, pronto. Babes, babes, Toninho? O pai foi hoje para Setúbal sozinho, a Henriqueta e eu não estivemos para maçadas. Resolvemos partir para Vila Viçosa dia 25 pela amanhã, por isso a carta que escreveres dia 21 escreve-a já para Vila Viçosa para eu a receber assim que chegar. Talvez vá passar o carnaval à herdade já que para desgraça minha o tenho que passar encafuada. Escreve, até que eu te diga, para Rua da Corredoura, Vila Viçosa. Agora, esquece-te também, pedaço d'asno! Guardei para o fim o melhor porque do

172

contrário não lias nada com a alegria da novidade. Adivinha lá, meu Toninho querido! Não adivinhas? Vou pôr tudo em pratos limpos. Ora esbugalha bem os teus lindos olhos verdes e escuta: Fui ontem à noite falar com o advogado sobre o divórcio e eis textualmente o que ele me respondeu: Pode fazê-lo de duas maneiras: mútuo consentimento que leva um ano para a realização definitiva e mais outro ano depois para poder casar e custa *250$00*. (É preciso não desprezar a parte financeira...) Em conclusão: *dois anos para poder casar e 250$00.* Agora vamos ao outro meio que é coisa fina! Os mesmos 250$00 e três meses para me poder casar! Hein? É coisa fina, ou não é? Vou dizer-te como: Os teus lindos olhos verdes estão contentinhos? — Eu intento ação de divórcio alegando abandono do lar conjugal há mais de três anos, o marido não contesta e pronto, mais nada. Pago 250$00 e fico livre dele o máximo em três meses e posso logo casar-me no dia seguinte. Hein? Daqui a três meses! Ser a tua mulherzinha de verdade, meu Tónio! Não haver já medos, nem vergonhas, nem zangas! Ser para sempre a tua querida mulherzinha! Estou doida de contente, nem me posso lembrar de tudo isto. O meu pai também ficou contente que nem um pintassilgo e o Peles assim que saiba também vai ficar maluco de alegria. Daqui a três meses, Tónio querido! Viva, Viva! Viva o Dr. Afonso Costa! Viva! Viva!...[2] Não é preciso esperar tempo nenhum depois do divórcio porque tendo havido três anos de separação não há o perigo de gravidez. Compreendes, Tónio preto? Meu querido filho que feliz eu me sinto! Eu agora só é que te vou dizer. Se algumas vezes eu estou tristinha é porque tenho vergonha de tudo e pena do Peles mas daqui a três meses sou mais feliz que tudo e não trocaria a minha sorte pelo trono da rainha da Inglaterra. Recebi agora a tua carta de 16. Por que me não escreveu você, seu urso, dia 15?! Animal!... Estou danada com as novidades.[3] Toma cautela agora com o resto, meu filho, senão nas mãos dos outros vai-se embora o resto. Por que foi que a Guarda esteve de prevenção?[4] Vê lá, meu amor pequenino, pequenino como um Nosso Senhor acabado de nascer, vê lá, eu não quero que ninguém te faça mal. Que se atrevam! A tua mulherzinha lembrava-se nessa altura que tinha dentes para morder e garras para arranhar tudo. Adoro-te. Amanhã respondo com todo vagar à tua cartinha d'hoje. Já podes escrever todos os dias porque já todos os dias há comboio. Não é preciso mandar os jornais; só me interessa o que tu fazes. Enquanto à conta da modista, raios a partam! É uma roubalheira indecente. Se eu lá estivesse eu lho diria. Roubou-me no vestido mas não foi tão descaradamente. Essa agora dum bocadinho de seda numa gola 5$00 é forte! Safa que são ladrões![5] As galinhas nossas estás farto de saber que são 6 frangos e 20 galinhas. Morreu uma são ao todo 25. Está nesse *block-notes* que está em cima da secretária a conta que eu te digo. Andas tanto com a cabeça no ar, filho![6] Saudades ao pirilau e ao resto da gente.[7] Mil beijos grandes da tua grande amiga

Bela

[1] Carta escrita no dia seguinte à carta anterior, portanto, na terça-feira.

[2] Florbela não cabe em si de contente diante da possibilidade de concretizar o divórcio e de se tornar verdadeiramente mulher de Guimarães daqui a três meses. Sua felicidade se estende ao pai e certamente ao irmão, enfim, à sua pequena família, pois que parece que todos estavam contrafeitos com essa situação irregular da sua vida que, aliás, parece afetar muito a Apeles, como o saberemos a seguir. Daí se entende, também, a crítica que ela dirigira ao irmão numa das cartas de Sintra, cheia de rancores.

Afonso Costa, que foi Ministro da Justiça no Governo Provisório da República, advogado e parlamentar notável, presidente do Conselho e também Ministro das Finanças, seria o responsável pela lei do divórcio.

[3] Hoje é o dia em que as cartas de Guimarães começam a chegar, uma atrás da outra, pelos vistos. As novidades parecem dizer respeito a dinheiro.

[4] Por incrível que pareça, desde que esta correspondência começou, os governos já se sucederam um bocado: depois de António Maria Baptista, que esteve no governo entre 8 de março de 1920 e 6 de junho de 1920, sucederam Ramos Preto (de 6 de junho a 26 de junho de 1920), António Maria da Silva (de 26 de junho a 19 de julho de 1920), António Granjo (de 19 de julho a 20 de novembro de 1920), Álvaro de Castro (de 20 de novembro a 29 de novembro de 1920) e Liberato Pinto (de 29 de novembro de 1920 a 2 de março de 1921)

[5] Sempre apertada de dinheiros, Florbela faz muita economia e se ressente dos preços que lhe cobram, como se nota também aqui.

[6] Observe-se como tudo que diz respeito à casa está devidamente sob controle; Florbela anota tudo num bloco de notas.

[7] Novamente o apelo sexual...

36

{19/01/1921}

Meu Tónio pequerrucho[1]

Évora em 19 de janeiro de 1921

Vou responder agora com todo o vagar à tua cartinha d'ontem. Fiquei muito escamada com a morte da minha galinha que tão boa era;[2] não as deixem ficar sem ser nos poleiros por que é muito frio o chão e vê bem como as põem nos poleiros porque se as deixam cair com os papos cheios podem morrer rebentadas. Eu faço lá muita falta! Até às galinhas! Vê bem, meu amor querido não deixem morrer mais pintainhos que já morreram bastantes. A Maria que tenha cuidado com isso porque agora não tem muito que fazer.[3] Ela que limpe o pó das duas casas pelo menos uma vez por semana por causa do bolor e o pó senão entranha nas frinchas dos móveis; quando eu estava lá, de vez em quando limpava bem ora uns ora outros mas agora ela que olhe por isso que a umidade e o pó estragam tudo; cá em casa é quase todos os dias que tudo se limpa. Eu não quero que ninguém veja os meus pintos; a majora só d'olhar para eles é capaz de os matar.[4] Vê que não falte erva aos coelhos e tudo limpo. Já ontem te disse que temos agora 6 frangos e 19 galinhas. As do Carrapatoso não sei porque ora dormem na capoeira ora não mas as que estavam sempre eram agora 20, quando eu vim. Li o jornal que me enviaste só depois de ter mandado a carta para o correio. Raios partam os chinfrins![5] Toma cuidado meu amor, não faças mais do que deves, lembra-te que a tua pátria e que a tua república sou eu, é a tua Bela. Cuidadinho com os cavalos, meu urso! Afinal nada viste da revista, não é verdade? Vai lá outra vez, é o remédio que tens.[6] Então ficaste muito, muito contentinho com

176

a novidade que te mandei ontem? Eu cá estou tal qual como se me tivesse saído a sorte grande, a de cá e a de Espanha.[7] As cartas que escreveres para Vila Viçosa manda-as lacradas, o sinete e o lacre estão ou numa caixa ou nalguma das gavetas da secretária. Enquanto à mulher do Carrapatoso nada disso me admira, meu amor. Então tu pensas que há muitos casais como nós por esse mundo? Os nossos mimos, a nossa intimidade, as nossas carícias são só nossas; no nosso amor não há cansaços, não há fastios, meu pequenito adorado! Como o meu desequilibrado e inconstante coração d'artista se prendeu a ti! Como um raminho de hera que criou raízes e que se agarra cada vez mais. Vim para os teus braços chicoteada pela vida e quando às vezes deito a cabeça no teu peito, passa nos meus olhos, como uma visão de horror, a minha solidão tamanha no meio de tanta gente! A minha imensa solidão de dantes que me pôs frio na alma. Eu era um pequenino inverno que tremia sempre; era como essa roseira que temos na varanda do Castelo que está quase sempre cheia de botões mas que nunca dá rosas! Na vida, agora há só tu e eu, mais ninguém.[8] De mim não sei que mais te dizer: como bem mas durmo mal; falta-me todas as manhãs o primeiro olhar duns lindos olhos claros que são todo o meu bem. Fala de mim à Miss que é para ela se não esquecer de mim. Saudades a todos. Junta o meu dinheiro todo dentro da caixinha minha que é para comprar o colar de pérolas, sim?[9] Muitos beijos, muitos, muitos, muitos da tua amiguinha querida

Bela

Recebi agora um cartão participando a tua ida a Lisboa[10] e queixando-te da falta de notícias. Mal vai tudo: esta é com certeza a 4ª ou 5ª carta que te escrevo; enquanto à tua ida a Lisboa fico em cuidado. Dize na volta do correio o que há que eu já não fico bem disposta. Sabes como eu sou e mandas-me assim essas notícias lacônicas que me desassossegam. Escreve, dize se enfim recebes as minhas cartas. Beijos da tua mulher amiga Bela

[1] Carta escrita no dia seguinte à anterior, portanto, na quarta-feira.

[2] Eis, portanto, as novidades que a deixaram "danada", segundo confessa na carta de ontem.

[3] Impressiona a minúcia de Florbela no tratamento do seu galinheiro; e também na limpeza da casa, da qual ela reclama de umidade e de bolor. A empregada que, agora, tem mais tempo, deve se ocupar com mais aplicação desses detalhes preciosos à dona de casa distante, como se lê em seguida

[4] Já se referiu a esta "majora" em carta anterior, quando Florbela pedia que a matassem. Deve ser uma pessoa extremamente inconveniente e que, todavia, frequenta a sua casa — talvez por ser vizinha.

[5] Muito provavelmente, "chinfrins" deve designar, neste contexto, os tumultos de rua, as perturbações políticas, as algazarras, as desavenças políticas desta altura da história portuguesa, uma vez que a República se via constantemente ameaçada, pelos incidentes que dariam lugar aos acontecimentos de 1926.

[6] Será esta nomeada revista, alguma que Florbela teria em vista para publicar seus poemas?

[7] Florbela se refere, naturalmente, à novidade dada pelo advogado acerca do prazo para andamento do divórcio litigioso, que é de três meses.

[8] Guimarães soube, provavelmente, de algo que desabonasse a mulher do Carra-patoso, e Florbela aproveita a oportunidade para enaltecer a sua relação com Guimarães, para discorrer acerca das maravilhas que ele trouxe para a sua vida, transformando-a. Ela mesma se reconhece desequilibrada e inconstante.

[9] Este dinheiro deve ser aquele que Florbela vai, pouco a pouco, apurando dos ovos e das galinhas.

[10] Como é em Lisboa que o grande montante da GNR se encontra, bem como o governo, Florbela fica desassossegada com a inopinada ida de Guimarães para lá, lembrada que está das constantes prevenções pelas quais a sua vida amorosa atravessou ao longo de todo o ano passado, e do perigo que ele corre como membro da GNR.

{20/01/1921}

Meu adorado Toninho pequenino[1]
Évora 20-1-1921

Não imaginas como tenho estado desde ontem que recebi o teu cartão de 17 até hoje que recebi as tuas duas cartas de Lisboa. Quando me conhecerás tu?! Devias, por tudo, ter calculado logo que eu me inquietaria com a tua chamada precipitada a Lisboa; sabes que vejo sempre tudo negro mesmo num céu claro quando se trata de ti, da tua felicidade, do teu sossego; eu sou contigo como as mães com os filhos. Fiquei agora completamente descansada. Telegrafei ao Carrapatoso que me respondeu imediatamente. Agradece-lhe por mim a sua atenção. Tornei a telegrafar pedindo me avisassem assim que chegasses à Foz. Eu não estou para cá sossegada por mais que a isso me esforce. Julgo-me o teu anjo da guarda e que sem mim te acontecerá mal. Tem muito cuidadinho contigo e escreve-me sempre para eu estar melhor, meu pequenino Tónio com frio e sem a sua mulherzinha! E quiseste tu que eu viesse e por tanto tempo? Tu não és amigo do coração...[2] Quando tiveres lido esta carta já decerto terás conhecimento das outras que tenho escrito; por elas verás o que há a respeito do divórcio e que é como vês o melhor que pode haver. Estou ansiosa pela carta do Moutinho como nunca estive na minha vida por uma carta dele. Assim que receber dir-te-ei imediatamente.[3] Tenho falado com muita gente mas tudo criaturas que tu não conheces e que por conseguinte te não interessam. Não te esqueças então de me contar porque diabo te chamaram a Lisboa com o Pinto quando nunca se tinham lembrado disso. Não acho assim tão extraordinária a amabilidade de teus padrinhos; tu bem sabes, querido filho que a amabilidade de certas pessoas cresce na razão inversa da necessidade que delas temos. Tu agora és um *personagem importante* e o orgulho delas lisonjeia-se com isso. Pois, meu amor, melhor é assim, e tu mereces todas as atenções e nunca acharei demais. Não admira que achasses a peça que viste magnífica; eu não estava lá... Perdoa esta maldade de brincadeira, meu querido preto. Mas tens muito pouco jeito para expor entrechos de peças, meu amor!... Fizeste uma tal confusão de duques que não consegui perceber nada. Afinal qual foi o raio do duque que morreu, quem é que ficou moribundo, quem é que disse: Minha mãe?... Mas que trapalhada... ducal! "Quem ler escusa de ver{"}, é tal qual! Tal qual, lá isso é verdade!... Sem tirar nem pôr!... Mas que toleirão que tu me saíste, heim?[4] Parece incrível! Cigarreira! Relógio d'ouro!! Viva o luxo!!! E eu? De mim não te lembraste, malandro! Ora o urso do Toninho! Mas não soubeste comprar-me o colar de pérolas! E dizes tu que és amigo!... Ele bem se vê!.. Fúfio! Fuinha!! A respeito das minhas coisas perde-lhe as esperanças, amor. Isto quanto mais melhor! Calcula que até roupa, calcula que até louça! Foi tudo empandeirado. Isto, meu filho, o que nós largamos das nossas mãos com certa gente nunca mais as tornaremos a ver. Livros cá estão, pratos tenho a certeza que mos dá mas parece-me mais nada; tu percebes porquê. Não é ele, enfim![5] Não me fales no carnaval; nunca ele me esquecerá enquanto eu viva. Foi *ele* que me levou as minhas alegrias mascaradas e me trouxe as sérias, as verdadeiras, as grandes![6] A respeito do soneto cá verei se me lembro do luar da meia noite e do trevo de quatro folhas.[7] Gostaste do outro? Escreve muito. Uma festa muito boa ao pirilauzinho.[8] Saudades de quem te quere mais que a tudo e que é a tua

Bela

[1] Carta escrita no dia seguinte à anterior, portanto, na quinta-feira.

[2] Esta confissão é muito importante: Florbela tem por Guimarães os cuidados de uma mãe por seu filho, a mesma relação que nutre por seu irmão. Aparentemente o cartão de Guimarães sobre a sua partida para Lisboa não era assim inquietante, mas ela parece viver em estado de constante alerta e com receio de que ocorra algo funesto a ele, sobretudo quando está distante. Carrapatoso, ao que tudo indica, pode dar prontas respostas a Florbela a propósito do paradeiro do marido, o que a desinquieta, uma vez que este lhe responde rapidamente aos telegramas que o desassossego dela envia.

[3] Vê-se que Florbela escrevera a Moutinho logo que consultou o advogado, acertando o divórcio, e que aguarda, inquieta, a resposta dele.

[4] Florbela gosta de brincar com as opiniões artísticas de Guimarães que, parecem, de fato, carecerem um tanto de informações condizentes.

[5] Parece que Florbela se refere a Moutinho e também ao pai; suas coisas pessoais se foram, e os pratos que o pai ficara de lhe dar também seguem caminho parecido. Mas ela não o culpa, e sim à Henriqueta, como já o fez outras vezes.

[6] Esta indicação a respeito do Carnaval é muito importante, porque, através dela, pode-se concluir que Florbela conheceu Guimarães justamente num baile de Carnaval. Assim, se aquela funesta referência ao baile em casa de Ema (motivo da primeira carta escrita a Guimarães) dizia respeito, de fato, a um baile de Carnaval — o escândalo que a envolveu deveu-se, podemos agora cogitar, ao princípio do relacionamento amoroso entre ambos.

[7] Estaria Guimarães sugerindo à Florbela assunto para um soneto: com "trevo de quatro folhas" e "luar da meia-noite"... Ela parece estar mangando dele! Mas se é assim, Guimarães é, deveras, como Florbela o disse brincando, um "toleirão" em matéria literária...

[8] De novo, o aceno sexual.

38

{21/01/1921} e {22/01/1921}

Évora em 21-1-1921

Meu pequeno[1]

Recebi agora a tua carta, escrita ontem pela manhã em Lisboa. Devias ter encontrado na Foz os meus telegramas cheios de ansiedade e as minhas cartas-testamentos. Vamos ver a resposta que mandas a tudo isso. Escreve já para Vila Viçosa que tencionamos partir dia 25 pela manhã. Estou cheia disto tudo e parece-me que a paciência mesmo bem puxadinha não dá muito mais do que isto. Afinal não valeu muito a pena a não ser pela questão do divórcio, porque o resto... Levo os livros, um cântaro d'azeite com 22 litros e os 6 pratos e creio que mais nada. E já não é mau... A questão do divórcio é que é o principal e estou ansiosa pela resposta do Moutinho; já sempre vai tardando. Se me não responder é que é o diabo e então não sei o que hei de fazer. Está agora ao pé de mim enquanto escrevo, um soldado da Guarda. Que saudades que este verdilhão me faz, meu Deus! Amanhã faz a Henriqueta anos e deve haver festa. Tenho tanta paciência para festas![2] Se me vejo na nossa casinha não acredito e parece-me que sem ti, por querer, nunca mais irei para parte alguma. Não há maior tristeza que a gente ver-se longe daquele que para nós é tudo ou mais que tudo; é um aborrecimento de todas as horas que coisa alguma faz desaparecer. Só amanhã mandarei esta carta pois quero responder à carta que de ti espero amanhã e quero ver se te dou a feliz notícia de que o Moutinho escreveu.

22-1-1920[3]

Envio-te o cartão que recebi hoje do Moutinho. O rapaz fala muito bem no seu laconismo. Eu mandei-lhe pedir metade dos gastos e ele como vês prontifica-se a isso. A outra metade... tu ou o pai... etc. Também eu valho pelo menos 1000$00 dum colar que me hão dar; senão não me caso, pronto! Tudo está pois regúlado assim; devemos poder casar dia 1 de abril.[4] Eu achava bem casarmos cá porque no Porto dava nas vistas e era estúpido ou em Lisboa. Achava também muito diplomático convidar para teus padrinhos, teu padrinho e madrinha, e para meus o burro do Peles para lhe podermos logo puxar as orelhas e a Milburges que costuma *explicar-se* muito bem. Enfim, em breve combinaremos tudo isto assim que eu for.[5] Amanhã mesmo vou requerer o divórcio; dir-te-ei o que se passar. A propósito da Mãe Mariana far-se-á o que tu quiseres; pensa tu bem mas pensa também que talvez não seja mau. Enfim, tu dirás. O artigo do Vasco é de 1918, já passou à história há muito tempo.[6] A respeito das minhas *curiosidades* tenho apenas a dizer-te que — muitas vezes as nossas mais delicadas atenções, as nossas maiores provas d'amor, os nossos cuidados são como aquelas pérolas que um dia alguém atirou a uns porcos... — Salvo seja a comparação... Sobre isto mais nada.[7] Enquanto à ida a Guimarães tu dizes: se houver por lá alguma coisa... Então há ou não há? Tudo é para teu irmão e tua irmã? Tu nada tens? Não são más partilhas, não... Afianço-te que essas é que eu nunca farei com o senhor meu irmão... enfim, tu lá sabes, mas se lá não tens nada o que vais lá fazer? Só por saudades não merece a pena nem a maçada nem a despesa; não achas?[8] Não me tenho sentido nada bem com muitas dores nos rins. Estou morta por me raspar e parece-me, que não aguento cá até 15 de fevereiro. Deus me livre dessa! Diz-me se a galinha cinzenta tem posto muito se há já alguma de novo a pôr, sim? Vai guardando as massas![9] Adeus Toninho até que o Nosso Senhor queira. Beijos sem fim da tua muito querida amiga

Bela

[1] Carta escrita no dia seguinte à anterior, portanto, na sexta-feira. Já faz uma semana e um dia que Florbela se encontra em Évora, na casa do pai, e faz uma semana que ela escreve diariamente a Guimarães que, nesta altura, se encontra em Lisboa, para onde foi chamado.

[2] Já se sabe, portanto, que a data natalícia de Henriqueta é 22 de janeiro.

[3] Datada do dia seguinte, sábado, e escrita no mesmo papel; de fato, chegou a resposta de Moutinho que Florbela tanto aguardava, razão por que transferiu para o dia seguinte a postagem da carta anterior.

[4] Lembro que no dia 1º de abril fará um ano que o casal esteve junto pela primeira vez. Talvez por isso Florbela deseje se casar nesse mesmo dia.

[5] Vê-se que a opinião pública conta muito para ela: no Porto consta já serem eles casados, portanto, seria preferível fazer o casamento em Évora ou em Lisboa. Adianto que, contrariamente às suas expectativas, o casamento será realizado no Porto.

[6] Florbela refere, certamente, o artigo do Vasco Falcão, o qual já tinha sido comentado na recente carta de 14 de janeiro. Todavia, há outro Vasco, o Vasco Camélier — seu amigo. Dele, há, nos seus guardados pessoais, preservado pelo Grupo Amigos de Vila Viçosa — um manuscrito de um "Soneto" dirigido "Para a Excelentíssima Senhora Dona Florbela d'Alma", datado de 1919, assinado por ele e pertencente às "Treze Sinfonias da Morte", que reproduzo abaixo:

> *... E as tuas mãos quiméricas e frias*
> *Adormeceram sobre os crisantemos,*
> *Como um rosário branco de elegias*
> *Ao debandar dos beijos que nós demos!*
>
> *Missa profana, reza de agonias,*
> *Folhas do livro — Amor — que já não lemos,*
> *As tuas mãos são como as sinfonias*
> *Que o Mar soluça ao assomar dos remos!...*
>
> *Olho-te ainda, sim; — saudosamente,*
> *Como se olhasse um ídolo quebrado...*
> *Como um luar descido à minha porta...*
>
> *E fico a meditar, perfidamente,*
> *O prazer criminoso e requintado*
> *De possuir a tua boa morta!...*

[7] Certamente as "curiosidades" de Florbela devem dizer respeito ao seu passado, a tudo aquilo que lhe concerne e que Guimarães ignora. Daí que ela seja muito lacônica, porque quer evitar qualquer esmiuçamento da sua vida que possa transtornar a bonomia do seu relacionamento atual.

[8] Como se vê, o casal está fazendo um balanço do que cada um pode obter de lado a lado a fim de montarem devidamente a casa e a vida em comum. Sabe-se, agora, que Guimarães tem parentes na cidade homônima e também uma irmã e um irmão. Todavia, parece que, da partilha, nada lhe caberá.

[9] As galinhas são, como supus, sua fonte de renda.

39

{24/01/1921}

Meu querido Toninho[1]

Évora em 24-1-1921

Ontem escrevi-te uma carta de cabeça no ar porque havia mais de vinte pessoas cá em casa a fazer barulho;[2] hoje toda a gente está felizmente calada. Numa das tuas últimas cartas falaste-me em alhos e eu respondi-te bogalhos: A propósito da tua ida a Guimarães dizias que me trarias o que lá houvesse de fato velho para os pequenos; eu respondi disparatadamente já eu nem sei o quê. É que para mim é uma preocupação isto de ninguém nos dar nada e pelo contrário verem se podem tirar mais alguma coisinha. Estava derramada por coisa alguma modarem do que eu muito bem queria. Afinal cá fui apanhando o que eu tinha cá na minha *tóla*. Como já te disse tenho tudo quanto havia de ter, mesmo que cá estivesse dez anos.[3] Tenho também muitíssimo que falar contigo, coisas que em cartas não convém muito dizer e tenho andado adoentada. E principalmente pelas grandes saudades que tenho de ti e pelo grande desejo que tenho de estar na nossa casinha, peço-te que me deixes ir embora como te disse na minha carta de ontem.[4] O pai dá-me 50$00 para a viagem e vindo tu a Lisboa não me dá coisa alguma. Além disso é apenas uma noite que eu passo em Lisboa e sem gastar coisa alguma, porque logo no dia seguinte às 8 horas e 40 partiria no rápido. Manda-me um telegrama dizendo apenas *sim* ou não mas afianço-te que se me dizes não é porque não tens saudades minhas e porque não és meu amigo e é mentira dizeres que tomara ver-me na nossa casinha. Tenho tudo, tudo pronto; acabei agora de vir entregar ao Domingos Rosado[5] a procuração forense e agora em Vila

Viçosa vou tirar a certidão de casamento para lha mandar que é apenas o que falta agora. Depois tu não podes sempre andar a pedir licenças para ir a Lisboa e eu já não posso mais. Juro-te que me sinto doente sem ti, meu pequenino querido.[6] E depois temos muito que falar, muito que tratar das nossas coisinhas porque num casamento por simples e escondido que seja é preciso tratar de muitas trapalhadas, para mais não tencionando nós casar no Porto o que de forma alguma seria conveniente. Não te esqueças de mandar telegrama porque como vai para Vila Viçosa apenas um comboio dia sim dia não, levam as cartas imenso tempo a chegar. Manda telegrama lacônico dizendo: <u>Sim</u> que é para ninguém do correio bisbilhotar; fico esperando porque lá nada tenho que fazer a não ser dia 26 tirar a certidão e mandá-la imediatamente. Se fico muitos dias em Vila Viçosa adoeço porque não me sinto nada bem. Agora não como quase nada. Quero ir para o meu homem quero muitos beijos. Até breve, sim? Beijos da tua querida Bela. Parto amanhã dia 25 no comboio das 3 horas da tarde para Vila Viçosa. Beijinhos muitos.

PS - Recebi agora a tua cartinha de 22. Nada tenho a dizer-te senão que me quero ir embora senão morro. Tudo já te tenho explicado. Nada se diz de mim senão bem e toda a gente se desbarreta até ao chão à minha passagem. Julgam-me ilustre poetisa e aluna da Faculdade de Direito. Fortes burros![7] Dizes que mandas a carta da Mãe Mariana mas afinal não recebi. Andas muito a cabeça no ar!!... Mais uma vez te peço que mandes telegrama para eu ir já, já pois que está tudo completamente pronto, documentos e tudo o que é necessário. Até breve beijos sem fim da tua

Bela

[1] Carta escrita um dia após a última, portanto, na segunda-feira.

[2] A carta que Florbela refere, a de ontem, dia 23, não existe neste acervo. Sabemos que a casa esteve movimentada por causa do aniversário de Henriqueta, que seria no dia 22, ou seja, no sábado; mas é possível que a comemoração tenha se estendido até o domingo.

[3] Florbela está um tanto decepcionada com a incursão aos seus pertences em casa do pai. Esperava receber muito mais do que efetivamente ele lhe deu ou contava reaver aquilo que havia deixado lá; todavia, parece que lhe querem tirar ainda o que tem.

[4] Este teria sido o conteúdo da carta anterior: pedido para voltar o mais rápido possível.

[5] É o mesmo advogado referido na carta de Moutinho para Florbela, aquela de 9 de julho de 1920.

[6] Repare-se que sempre que Florbela tem algum impedimento à sua vontade, começa a se sentir doente. Na carta anterior já se queixava de dores nos rins.

Numa das já referidas cartas escritas por ela a Henriqueta, de Quelfes (de 19 de abril de 1918), a propósito de continuar doente, ela se queixa justamente do diagnóstico do médico. Florbela sofreria daquilo que hoje se conhece como psicossomatismo. Reproduzo o trecho em questão: "Essa coisa da gente estar doente só quando quer é muito engraçada. Com certeza que não havia doentes. Isso é muito bom de dizer a quem não anda minado de febre de noite até de manhã, de manhã até à noite".

[7] Guimarães provavelmente lhe perguntou a respeito da receptividade que recebe em Évora, para perscrutar a quantas anda a desconfiança que a cerca a propósito da sua vida com ele, de maneira a avaliar se a reputação de Florbela teria sido abalada. A resposta de Guimarães sobre a consulta que Florbela lhe fez acerca da proposta do pai para a Mãe Mariana, ainda não lhe chegou.

40

{28/01/1921}

Vila Viçosa 28/1/1921

Meu querido Tónio[1]

É esta a última carta que te escrevo daqui e provavelmente quando a receberes já viste ou estás para ver muito depressa, muito depressa, muito depressa a tua querida Belinha. Remeto-te mais uma carta do Moutinho a que acabo de responder. Tenho pena dele, sabes? Gosta mais de mim do que tu! — Ai que puxão d'orelhas! — Ai o pobre fochinhinho![2] — Recebi hoje três cartas tuas! Ena pai!![3] Já recebeste os livros? Que tal chegaram? Ainda cá tenho uns 20 dentro da mala. Onde meteremos nós agora tanto alfarrábio? Fiquei divertidíssima com a zaragata do Carrapatoso. Perdi uma belíssima ocasião de rir. Então o menino é bonito? É muito gordo? Já o viste? Dá-lhe os parabéns em meu nome por mais esse pimpolho.[4] Com que então o menino goza à bruta?! Eu te direi em chegando! Eu já estou boa, logo que se tratou de me pôr ao fresco pus-me boa imediatamente. Foi remédio santo. Tudo se fará como dizes e o melhor que puder ser. Está descansado que eu hei de chegar lá sem me faltar bocadinho algum.[5] A respeito do divórcio, olha que tu sempre és muito burro! Eu não te disse já cem vezes que não tinha mais nada que tratar? Agora é com o advogado e com ele. Eu cá já fiz tudo quanto tinha a fazer: Pedi o divórcio, aleguei a razão e dei as minhas testemunhas. Ele agora que diga da sua justiça, que o meu papel acabou. Isto era para ir para o tribunal já segunda-feira mas é 31 de janeiro e por isso só pode ir quinta-feira a seguir porque as audiências são segundas e quintas apenas. Percebeu? Ora ainda bem que já não é sem tempo![6]

188

A respeito do colar não quero cá saber. *Eu quero-o*! Quando a gente se casa o noivo sempre dá alguma prenda e é só essa que eu quero: Parece-me que valho bem um colar de pérolas! Até de 10000$00 quanto mais da porcaria de 600$00. Ora não há!!... Pelintra indecente! Daqui a pouco já me não quero casar com você que me não quer dar nada! Ora o urso! Fuinha!![7] A respeito do que levo vou enumerar tudo sem faltar nada: livros, — azeite — 6 pratos que valem 100$00 (avaliação do pai Espanca) — duas jarras pequenas (15$00) duas jarras grandes (35$00) — 6 copos de cristal (20$00) um copo de cristal doirado e um cálice (5$00) — um cinzeiro (5$00) um bocado de seda — uma colcha — e 55$00 para a viagem! — Olha Toninho que já não foi nada mau. E mandam-me daqui a um mês carne de porco e feijão e não sei que mais. E ainda cá ficou uma garrafa antiga e um prato da China que o pai deu mas que diz ele que é o fermento para quando eu cá vier levar mais coisas. O prato e a garrafa já mos deu mas só os levo para a outra vez com mais alguma coisa que me há de dar. Se achas pouco não sei então o que diabo queres mais.[8] Fúfio! Beijos, beijos, beijos e mais beijos.

Belinha.

PS - O pai não vai senão em julho passar esse mês e agosto.[9] Não te aflijas Toninho!

[1] Carta escrita três dias depois, na sexta-feira, mas não mais de Évora, e sim de Vila Viçosa, para onde seguiu a fim de obter o seu registro de casamento com Moutinho, último documento que faltava para se despachar e poder regressar ao Castelo da Foz, à sua casa. Florbela está muitíssimo ansiosa por regressar ao lar e tem insistido sobremaneira nas últimas cartas para que Guimarães a autorize, se for o caso, a viajar sozinha.

[2] Florbela se apraz em chamar a atenção sobre si e em maltratar um tanto Guimarães, despertando-lhe indiretamente ciúmes.

[3] Agora as cartas de Guimarães, que estavam tão atrasadas, chegam finalmente, aos volumes.

[4] Não se sabe o que foi que ocorreu com o Carrapatoso que Florbela poderia rir tanto. A criança de quem ela fala é provavelmente seu filho recém-nascido.

[5] Tudo indica que Florbela recebeu autorização de Guimarães para viajar sozinha — e o mais rápido possível, de maneira que a doença já passou como por milagre.

[6] Portanto, o processo de divórcio terá entrada a partir do próximo dia 3 de fevereiro.

[7] Florbela está insistindo muito nesse colar de pérolas; ela iria comprá-lo com suas economias; já agora o quer como presente de casamento.

[8] É bizarra essa avaliação de cada coisa que vai levando e daquilo que virá buscar da próxima vez. Parece um dote de casamento, o que deve soar como tal para Guimarães. Sobre ser de pouca monta, foi Florbela quem disse isso com todas as letras em carta anterior, reclamando.

[9] Florbela já acertou a ida do pai à sua casa; parece que ele e Henriqueta têm intenção de lá permanecer durante dois meses. E isso desagrada um tanto a Guimarães, pelo visto.

6. Castelo da Foz:
a Florbela dos versos e do criatório

Castelo da Foz, 1920

Autógrafo de Florbela: versos misturados ao inventário do criatório de galinhas e das despesas domésticas

40(1)

{1921?}[1]

Anoitecer[2]

A luz desmaia num fulgor d'aurora...
Diz-nos adeus religiosamente...
E eu que não creio em nada sou mais crente
Do que em menina, um dia, eu fui, outrora...

Não sei o que em mim ri, o que em mim chora!
Tenho bênçãos d'amor p'ra toda a gente!
Ah! como eu sou pequena e tão dolente
No amargo infinito desta hora!

Horas tristes que são o meu rosário...
Ó minha cruz de tão pesado lenho!
Meu áspero e intérmino calvário!

E a esta hora tudo em mim revive:
Saudades de saudades que não tenho;
Sonhos, que são os sonhos dos que eu tive![3]

---

[1] Manuscrito de Florbela, do soneto "Anoitecer", em papel rasgado e solto, contendo ao final uma lista de contas provavelmente relativa à venda de suas galinhas, visto que traz, até onde se pode ler, registro de "galo — 30$00", "preto — 35$00", "pelada — 25$00", "frango am. — 30$00" etc. Peça pertencente ao espólio de Florbela, hoje depositado na Biblioteca Pública de Évora.

Como é na altura em que vive no Castelo da Foz que Florbela está apurando algum dinheiro através do criatório de galinhas, este soneto pode ter sido escrito, portanto, nessa ocasião, talvez antes de abril de 1921, visto que não é possível precisar quando Florbela e Guimarães deixam a casa de Matosinhos para irem viver no quartel da Foz: sabe-se, apenas, pela correspondência de Évora, que, já em janeiro de 1921, se encontram na Foz. De fato, no manuscrito *Claustro das quimeras*, tal soneto comparece em 29º lugar, com a indicação "Castelo da Foz", contando apenas com pequenas modificações de pontuação.

[2] Trata-se de um manuscrito que foi corrigido e alterado por cima da escrita original. Não pretendo, aqui, fazer uma reconstituição passo a passo, nem me adentrar na intrincada questão a respeito da datação dos poemas da época, mas tão só apresentar esta versão que, segundo se vê, serviu para a definitiva, publicada em *Livro de Sóror Saudade*.

[3] Com alterações de pontuação e uma maiusculização em "calvário", o soneto foi publicado com o mesmo título no citado *Livro de Sóror Saudade*, tendo tido, todavia, trocados os dois últimos versos do 2º terceto, que restaram assim:

> *E a minha alma sombria e penitente*
> *Soluça no infinito desta hora...*

"Anoitecer" (assim como os sonetos anteriores, a partir de pelo menos 30 de abril de 1920) não comparece em *Livro do nosso amor*. Como se sabe, o soneto de abertura do *Livro do nosso amor*, cujo título foi, depois, alterado para "O nosso livro" (ocupando o 2º lugar tanto no *Livro de Sóror Saudade* quanto no *Claustro das quimeras*), está dedicado a António Guimarães na obra publicada: no *Livro de Sóror Saudade*. Como se vai observando, tanto os dois manuscritos quanto a própria obra publicada possuem ligação imediata com a relação amorosa de Florbela com Guimarães.

40(2)

{06/04/1921}

6-4-1921[1]

Fiquei danada com o teu telegrama. Essa gente são os maiores... que eu conheço. Têm-me roubado bem há alguns anos para cá. G.[2] Estou furiosa. Não merece a pena mandar nada para ser roubada. Saudades ao pai e para ti, da

Bela[3]

[1] Postal (publicado por Celestino David (*O Romance de Florbela Espanca*. Évora, A Cidade de Évora, 15-16, março-junho de 1948, pp. 41-100; março-junho de 1949, pp. 353-435) enviado por Florbela (dois meses e poucos dias após a última correspondência de Évora para Guimarães) para a

> *Exma. Sra.*
> *D. Henriqueta Espanca*
> *R. de Avis, 5*
> *Évora*

[2] O conteúdo é misterioso e não se sabe o que significa o tal "G". É provável que o editor tenha cortado algumas palavras que julgou indecorosas. Especulo que o postal diz respeito a alguma modista ou a algum serviço deste tipo, pois que Florbela constantemente reclama dos preços e da exploração que tem sofrido por parte das tarefas que requerem mão de obra. Aliás, o relacionamento de Florbela com Henriqueta gira sempre em torno das coisas domésticas: comida, encomendas de azeite, de porco, roupas, modistas etc. Outra possibilidade: estaria Florbela se queixando, por exemplo, de alguma mudança nos custos do processo de divórcio, que ficaria justamente pronto no final deste mês?

[3] Em 4 de fevereiro, Apeles é graduado Guarda-Marinha na Escola Naval. Em 30 de abril próximo, é decretado o divórcio de Florbela e Moutinho, no Cartório do 3º Ofício da Comarca de Évora. As testemunhas averbadas por Florbela foram um farmacêutico do Largo da Porta Nova e um oficial de diligências do próprio Tribunal. A averbação é número 1 do assento de casamento número 33 do ano de 1913.

40(3)

{1921?}

Da minha janela[1]

Mar alto! Ondas quebradas e vencidas
Num soluçar aflito, murmurado...
Voo de gaivotas leve, imaculado
Como neves nos píncaros nascidas!

Sol! Ave a tombar, asas já feridas,
Batendo ainda num arfar pousado...
Ó meu doce poente torturado
Rezo-te em mim chorando, mãos erguidas!

Meu verso de Samain, cheio de graça,
Inda não és clarão, já és luar
Como um branco lilás que se desfaça!

Amor! Teu coração trago-o no peito...
Pulsa dentro de mim como este mar
Num beijo eterno, assim, nunca desfeito!...

---

[1] Soneto pertencente ao manuscrito *Claustro das quimeras*, em que se acha em 30º lugar, encontrando-se em 8º lugar no *Livro de Sóror Saudade*. Traz, no manuscrito, a indicação "Castelo da Foz", o que significa que tenha sido escrito durante a fase que se registra agora.

41

{22/06/1921}[1]

Florbela[2]

Foi com íntima satisfação que recebi o teu convite e é com mágoa que te participo que dia 3 me é impossível comparecer;[3] dá-se a casualidade de eu entrar de serviço de sábado para domingo; poderia, é certo fazer uma troca de serviço mas como ultimamente estive em Vila Viçosa um mês e excedi a licença de 10 dias estou absolutamente certo que o imediato não autoriza a troca. Se fosse no domingo seguinte podia ser pois que seguia na sexta à tarde (dia que saía de serviço) e estava sábado e domingo: assim crê que me é absolutamente impossível. Não quero que por minha causa atrases as tuas resoluções se bem que gostasse bastante de assistir aquilo que de tanta satisfação me enche. Beija-te o teu irmão amigo

Apeles[4]

---

[1] A partir da data de decreto do divórcio de Florbela e Alberto Moutinho, Guimarães solicita autorização superior para se casar, que lhe é concedida por despacho de 30 de maio de 1921, como já referi.

[2] Carta que Apeles Espanca dirige a Florbela em 22 de junho de 1921, pertencente a este espólio. Florbela vai se casar com António José Marques Guimarães (26 anos, natural de Povoa do Lanhoso e alferes miliciano de Artilharia C da Guarda Nacional Republicano, posto do Registro Civil da Foz do Douro, n. 2 da 2ª Conservatória, registro n. 779 do Porto) em 29 de junho de 1921. Para o evento a GNR lhe concedeu 8 dias de licença de lua de-mel.

[3] Apeles lhe escreve numa quarta-feira, referindo a data do casamento como a realizar-se no dia 3 de julho, de fato, como ele diz, domingo.

[4] Apeles propõe indiretamente à Florbela que transfira a cerimônia para a próxima semana, para o domingo seguinte. Já sabemos que ela tinha intenção de convidá--lo como seu padrinho e à Buja como sua madrinha, mas isso se o casamento fosse realizado, como primeiro se cogitou, em Évora. Todavia, se, de fato a data originalmente marcada era 3 de julho, Florbela e Guimarães resolvem antecipá-lo para o dia 29 de junho, para uma quarta-feira, muito certamente para poderem contar com a presença de Apeles. Julgo plausível esta hipótese porque o casamento (pelo menos da forma como inicialmente foi cogitado) deve ter sido muito íntimo, reunindo pouquíssimas pessoas, já que realizado no Porto, lugar que Florbela havia descartado logo de início por julgar inconveniente.

41(1)

{agosto de 1921?}[1]

O que sou eu, Amor?... Sei lá que sou
Sou tudo e nada, grande e pequenina
Sou a que canta uma ilusão divina
Sou a que chora um mal que acabou.

Eu sei lá, que quimera me beijou
E nunca o soube assim desde menina
Há neste mundo tanta amarga sina
A minha é não saber nunca quem sou[2]

Esfinge, sonho tonto de desejos
Na tua boca sou uma asa aberta
A palpitar vermelha como os beijos

Andorinha boêmia a voejar
E eu sou às vezes um postal d'aldeia
Toda a florir em rosas de toucar.

---

[1] Este esboço de soneto, sem título e todo rasurado, manuscrito do punho de
Florbela, parece, pois, pertencer a mesma faixa temporal do anterior, tendo
sido provavelmente escrito no Castelo da Foz. Pertence ao espólio de Florbela
depositado hoje na Biblioteca Pública de Évora. As tentativas de escrita do
soneto, que caminham riscando e tenteando uma forma aceita, persistem
no verso da folha, ocupado por contas de orçamento doméstico que incluem
"até fim mês — 30$00", "Despesas — 30$00", "sapatos António — 10$00",

"rapariga — 15$00", "mercearia — 15$00", "água — 2$00", "Extraordinários — 14$00", "casas — 60$00", "sapatos e meias – 60$00" etc. etc. numa conta em que sobram, afinal, 61$00. Todavia, há uma anotação que, talvez, possa ajudar a compreender as cercanias do mês em que se escreve o poema. Há uma indicação de "prato (Agosto) — 75$00".

[2] O poema não se encontra assim composto, visto que Florbela não fixou o último terceto. Escolhi, dentre as variações existentes e manuscritas, a que mais se apropriava às rimas e à métrica que Florbela vinha praticando no transcorrer das estrofes.

Este poema não comparece, nem mesmo aproveitado em parte, em nenhum dos projetos *Livro do nosso amor*, *Claustro das quimeras* ou no *Livro de Sóror Saudade*, e mesmo em toda a obra conhecida de Florbela Espanca. Todavia, fato interessante, com a indicação "Castelo da Foz", há um soneto intitulado "O que eu sou...", constante em 31º lugar em *Claustro das quimeras*, onde a temática deste soneto incompleto é retomada. Com outro título, "O que tu és", ele comparece em 3º lugar no *Livro de Sóror Saudade*, guardando as alterações feitas à mão em cima da versão primária registrada em *Claustro das quimeras*. Todavia, ele não existe em *Livro do nosso amor*, confirmando a hipótese de que esse manuscrito já se teria encerrado nesta altura. Transcrevo, pois, a versão primária do poema em pauta:

> Sou aquela que tudo a entristece,
> Irrita e amargura, tudo humilha.
> Aquela a quem a mágoa chamou filha,
> A que aos homens e a Deus nada merece.
>
> Aquela que o sol claro entenebrece,
> A que nem sabe a estrada que ora trilha,
> A que um lindo amor de maravilha
> Sequer deslumbra e ilumina e aquece!
>
> Mar Morto sem marés nem ondas largas,
> A rastejar no chão como as mendigas!
> Todo feito de lágrimas amargas!
>
> Sou ano que não teve primavera...
> Ah! Não sou como as outras raparigas!
> Eu sou a minha solteira{?} quimera!...

41(2)

{final de 1921 - início de 1922?}

{Dedicatória do manuscrito intitulado *Claustro das quimeras*, a António Guimarães}

A António Guimarães

Àquele que é na vida toda a minha vida, àquele que é na amargurada noite da minh'alma, a deslumbradora luz, que tudo ilumina e aquece, ao meu único amor de verdade, maior que todos os amores de quimera e ilusão que tão cedo passaram...

Bela[1]

[1] O manuscrito intitulado *Claustro das quimeras*, contendo 35 sonetos, antecâmara de *Livro de Sóror Saudade*, é pertença da Biblioteca Nacional de Lisboa, depositado hoje na Biblioteca Pública de Évora. Em relação ao outro manuscrito que cobre poemas semelhantes — o *Livro do nosso amor* — ele é, como constatei, o mais recente e, portanto, o mais próximo da segunda publicação de Florbela.

Na carta a Apeles de 10 de março de 1922, como se verá, Florbela confidenciara a ele que seu livro de poemas está terminado, e que ela foi obrigada a mudar o título para *Livro de Sóror Saudade*, uma vez que Alfredo Pimenta havia publicado um *Livro das quimeras*. Porém, o manuscrito de Florbela, que tinha por título *Claustro das quimeras*, não havia se encerrado até aquela altura, pelo menos não da forma como se encontra hoje depositado na dita Biblioteca.

Em lugar dos 35 sonetos, ele compreenderia, naquela data muito provavelmente, apenas 32, visto que Florbela ainda não havia composto os três derradeiros sonetos: dois de 1º de junho de 1922 ("A vida" e "O meu orgulho") e outro de 23 de novembro de 1922 ("Tarde demais...").

Portanto, é de se convir, a dedicatória a António Guimarães, estampada na primeira página do referido manuscrito, deve datar do tempo em que ainda se encontram no Castelo da Foz (ou seja, até princípio de 1922), visto que esses derradeiros poemas foram escritos em Lisboa, na casa que alugariam depois do estágio pela quinta da Amadora, e, portanto, a partir de meados de junho de 1922, quando, então, habitam na rua Josefa d'Óbidos — anotação que tais poemas trazem ao cimo da página manuscrita.

Muito amorosa e esclarecedora, a dedicatória não mostra nem implicita nenhuma mudança substancial no relacionamento do casal. Ao contrário: sustenta a certeza de que Guimarães continua a ser o homem da sua vida, o seu único e verdadeiro amor. O que significa que ela foi escrita antes de uma grave decepção sofrida por Florbela, mais ou menos no início de 1922, como ela o relatará, mais tarde, em carta de 29 de dezembro de 1923, a Apeles.

Aparentemente, seis meses após o seu casamento com Guimarães, Florbela ingressara, como o dirá, num "calvário", repleto de humilhações, brutalidades, grosserias, numa vida de "abandono moral" e de "fria indiferença".

7. Évora: A viagem de negócios

("O Rico Fochinhinho")

Fotografia com dedicatória a Guido Batelli, 1930

42

{25/07/1921}

Meu Antoninho adorado[1]

Évora 25/7/1921

Então o rico fochinhinho chegou fixe?[2] A rica fochinhinha está mais triste do que a triste noite. O pai chega hoje no comboio da noite e vamos esperá-lo à estação. Que pena não ser o meu preto que chega! Mas se Deus quiser... sábado a esta hora[3] estou eu bem mais contente do que hoje: Tem-me custado a passar o dia como tu nem calculas; tenho estado deitada a olhar para o mapa, a ler e a bordar para ter o bordado muito adiantado quando o fochinhinho chegar.[4] Ando como os parvos a olhar para as paredes, mais chateada do que nunca. Então o pirilau está triste e cheio de saudades?[5] Escrevo hoje só meia folha de papel porque ainda não recebi carta tua e não tenho pois que responder a coisa alguma, a não ser dizer-te que estou a achar os dias com 48 horas cada um.[6] Dize-me o que fazes no quartel que é para que eu vá calculando o que tens feito e o que te resta fazer. Vai ao teatro para te distraíres, já que eu não vejo aqui nada. Só quero sair ao passeio e ao teatro quando vier o rico amor meu. Não te esqueças de fazer a fatiota de cotim. Quando entregares o *Tântalo* ao Peles dá-lhe muitas saudades minhas.[7] Amanhã escrevo uma carta grande em resposta à que devo receber tua.

Manda muitas e muitas saudades e beijos a tua mulher amiga Bela.

[1] Menos de um mês após o seu casamento com Guimarães, Florbela se encontra, de novo, em Évora, e escreve para o marido nesta segunda-feira. Algo de importante deve tê-la deslocado até lá. Pelo conteúdo da segunda carta, pode-se supor que Florbela foi levar ao pai Espanca um montante de dinheiro a fim de que ele fizesse a conversão para marcos, provavelmente a moeda forte do momento. A estada é bem curta, pois que, escrevendo para Guimarães nesta segunda-feira, aguarda que ele venha buscá-la no final da semana.

[2] Pode ser que tudo tenha se passado como da outra vez que Florbela veio a Évora: Guimarães a traz até Lisboa, e depois, de Lisboa para Évora, ela segue sozinha no comboio. Todavia, na carta seguinte, escrita no mesmo dia, Florbela refere um dinheiro que Guimarães teria deixado em Évora. Ora, é possível, pois, que, desta feita, ele a tenha acompanhado até a casa do pai.

[3] Guimarães é aguardado em Évora no dia 30 de julho, sábado.

[4] Implicitamente, aquela imagem da Penélope, que Florbela articulou para si numa das cartas iniciais para Guimarães, retorna agora.

[5] Já é possível fazer uma suposição sobre a vida sexual do casal. Aliás, talvez seja este um dos aspectos que, nele, deve ter atraído também Florbela, aliado ao seu porte viril de protetor, que em tantas cartas ela tem enaltecido. Intelectualmente, todavia, ele parece não estar à altura dela.

[6] Lembro que a relatividade da passagem do tempo diante da ausência do amante foi enfocada energicamente por Florbela nas cartas de Sintra.

[7] O *Tântalo* é um livro de sonetos, pubicado em 1921, por Américo Durão, amigo de Florbela e seu contemporâneo da Faculdade de Direto da Unversidade de Lisboa.

43

{25/07/1921}

Évora 25/7/1921

Meu querido Tónio[1]

São 11 horas da noite e antes de deitar-me vou principiar a escrever a carta que hei de mandar amanhã para o fúfio do Toninho. Peço-te que mandes sem falta na volta do correio esse papel azul que hoje te mandei[2] e que tem a direção do homem que o pai tem muito interesse nela para escrever ao homem na volta do correio. Não te esqueças, pois, de ma mandares na primeira carta que enviares para cá. Manda-me *dizer* o que tens já feito das coisas que tinhas a fazer. Estão divididas em 6 partes: 1º material — 2º material — 3º material — 4º encerrar cadernetas — 5º entregar cadernetas — 6º entregar arquivo no Q.G. Vês que me não esqueci?[3] Dize-me já na volta do correio as partes que tens já feitas destas 6 que tens a fazer. Tenho mais saudades tuas ainda que da primeira vez.[4] Vê se tens tudo despachado para cá estares sem falta domingo porque, nesse dia há grande tourada e à noite teatro e nós vamos. Eu quero cá o Toninho senão arranho-me toda, e fico muito feia ós pois.[5] O pai como te disse na minha carta de hoje comprou o dinheiro todo em marcos.[6] Comprou 6950 a 115; ora eles nestes poucos dias já subiram porque estão a 118. Mas ele comprou-os em nome dele mas eu disse à força que os queria e por isso ficou combinado que em tu vindo seja posto em meu nome o papelucho.[7] Entreguei-lhe também os 200$00 que cá deixaste[8] porque tinha medo que desaparecessem; parece-me que as criadas, pelo menos com a roupa, não são assim muito de fiar... É preciso andar a perguntar sempre pelas coisas para elas aparecerem. Não te esqueças da roupa que para lá tens.

207

Não te esqueças de entregar o livro ao Peles. Até amanhã, meu amor. Quem me dera ir agora deitar-me com tu! Isso é que havia de ser bonito!...

[1] Carta escrita no mesmo dia da carta anterior, certamente após a chegada do pai, visto que trata de assuntos concernentes ao velho Espanca.

[2] De fato, a carta anterior e redigida nesta mesma segunda-feira, dia 25, já seguiu pelo correio para o marido. Só que não há referência ao tal papel azul e nem aos dados enunciados a seguir.

[3] Florbela lembra o marido das obrigações a cumprir para que ele possa embarcar no final da semana para Évora. A lista é, ao que tudo indica, uma piada...

[4] Florbela se refere, portanto, à temporada de janeiro deste mesmo ano que ela passou em Évora, ausente de Guimarães.

[5] Florbela começa por imitar o linguajar local, que reaparece ao final da carta.

[6] Também este dado não comparece na carta anterior.

[7] O pai Espanca fez o negócio para Florbela, visto que o montante vai ficar em nome dela. Florbela deve ter trazido uns tantos escudos que o pai transformou em marcos. Isto significa que o casal está melhor de vida do que em janeiro, quando ela insistia em economizar os parcos recursos dos seus negócios com galinhas para comprar o almejado colar de pérolas — além de procurar convencer o futuro marido a lho oferecer como presente de casamento. Teria ele, de fato, lho ofertado?

[8] Esta é a comprovação de que, desta feita, Guimarães veio até Évora para trazê-la.

43'

{26/07/1921}

26/7/1921[1]

Tónio, urso pardo

Tchim ta pum ta pum ta tchim... Ainda bem que o preto vem! Vivó!!! Tenho esperanças que venhas ainda hoje como dizes na tua carta mas em todo o caso envio-te esta carta porque pode ser que não venhas e vindo amanhã, ainda amanhã a recebes. O pai contou-me o que lhe aconteceu na rua M. Andrade. Ele sempre tem muita sorte! Mais sorte do que nós e é naturalmente por ter mais dinheiro. Calcula tu uma escova de prata por 1500, um relógio de biscuit por 5000 e um prato de Delflt por 5000! É fantástico![2] Todos os dias tenho feito três bolinhas pela manhã. O bordado está um bordado, e peras!...[3] O pirilau pode vir que há muito licor para ele.[4] Não vou hoje à estação por não ter a certeza se vens e não gosto nada de dar com o nariz na porta mas espero-te em casa. Se vieres amanhã manda telegrama se não mandaste hoje carta avisando-me que é para eu saber e para eu ir.

Arrecebe muitas soidades
da tua mulher que tama
Bela[5]

---

[1] Carta datada do dia seguinte, da terça-feira, mas escrita na mesma folha que a anterior. Florbela acaba de receber a alegre notícia que a onomotopeia seguinte saúda.

[2] João Maria Espanca parece ter feito um ótimo negócio! Ele trabalha com antiguidades, como se sabe e como as cartas já comprovaram.

[3] Florbela refere-se ao bordado? As três bolinhas seriam do bordado?

[4] Eis, de novo, a insinuação de bom proveito sexual.

[5] A imitação da fala alentejana continua...

Guimarães parece de fato ter vindo, porque não há mais correspondência de Évora.

Teria o pai Espanca estado em casa da Florbela no mês de julho e agosto, tal como foi previsto na última carta de janeiro? Difícil averiguar, visto que não há indícios de correspondência de Florbela depois desta última carta — durante todo o restante ano de 1921.

Há, todavia, uma publicação de um postal de Florbela, por Celestino David, postal dirigido a seu pai (Vila Viçosa — Rua Gomes Jardim), que ela remete do Grande Hotel das Pedras Salgadas, para onde foi para descansar e consultar um médico. Neste postal (de que não se conhece o original), publicado com data de 2 de agosto de 1921, Florbela faz menção ao Mário que a acompanha, o que levou seus biógrafos a considerarem que ela manteria relacionamento com Mário Pereira Lage, seu terceiro marido, desde essa ocasião. Todavia, creio que se equivocam porque suponho que a data do postal deve ter sido mal decodificada pelo editor, que não soube discernir, na caligrafia de Florbela, o "9" do "1", visto que são, de fato, grafados, por ela, de maneira muito semelhante.

Assim, segundo creio, o dito postal deve datar de 2 de agosto de 1929, data em que, de certeza, Florbela esteve nesse hotel e também no Hotel da Torre. Nesse período ela andava doente e foi para lá para descansar e ser examinada. Há, dessa sua estada, uma prova eficaz, que é a publicação de um soneto seu "Aos meus amigos da Torre", que enviou para o jornal *O Primeiro de Janeiro* do Porto, e que foi editado, juntamente com um comentário a respeito da sua passagem por essas termas, em 27 de agosto de 1929.

Julgo, portanto, que não há indícios, pelo menos na correspondência conhecida de Florbela, de nenhuma outra peça durante o ano de 1921, depois desta última carta de 26 de julho. Dos fatos que concernem à Florbela, sabemos que em agosto desse ano, de Vila Viçosa, Mariana do Carmo Inglesa Espanca entra com ação de divórcio contra João Maria Espanca, por abandono do lar e adultério, e que tal divórcio é decretado logo em seguida, na mesma Vila Viçosa, em 9 de novembro desse ano.

8. Amadora e Lisboa: Interregno

(Apeles na Travessia do Atlântico Sul
e
Livro de Sóror Saudade)

Apeles Espanca

43(1)

{07-01-1922}[1]

A propósito... das poetisas

Aqui há uns anos atrás começou-se a esboçar a fúria dos poetas. Todos os dias aparecia um novo livro nas montras, um novo poeta que prometia, esperança radiosa, mas não dava nada.

Hoje são as poetisas que aparecem em bandos todas as primaveras como as andorinhas. Todas elas são, em geral, duma pequena envergadura literária. Cheias de suavidade mas incapazes de construírem uma obra.

A vida apenas as interessa pelo prisma do amor.

Umas são correspondidas, outras não o são. E costumam declará-lo como se escrevessem uma carta à sua melhor amiga.

O tema à força de ser velho cansou por lhe não darem uma nova tonalidade. E cansou principalmente pela insipidez e pela monotonia desses amores vulgares, gargarejados dum qualquer andar para a rua.

Principalmente os nervos, esse fluido que se não empresta, com que se escrevem as almas destinadas a marcarem, são duma deplorável debilidade.

No entanto, e isto é o caráter curioso da época, são todas na opinião pública grandes artistas. E todas elas possuem um grupo destinado a declarar solenemente que A, B, ou C é a primeira poetisa portuguesa. Para não ferir susceptibilidades seria interessante dizer de todas elas que... são a segunda poetisa portuguesa.

São todas parecidas... todas não: há três anos conheci eu uma que publicou um livro e de quem nunca mais se teve novas...

O livro passou quase desapercebido. Era o *Livro de mágoas*. Revelava um talento... que a crítica não notou. Ela lá soube por quê. Quando se fala em primeira poetisa portuguesa não se conta com ela.

No entanto...

Chamava-se Florbela Dalma.

7 de janeiro de 1922   Botto de Carvalho.

---

[1] Esta folha manuscrita e assinada por Botto de Carvalho data de 7 de janeiro de 1922, e pertence ao espólio Grupo de Amigos de Vila Viçosa, que o recebeu de Mário Lage. Florbela mencionara Botto de Carvalho, como se viu, em carta inicial de Lisboa a Guimarães, a 13 de março de 1920, e conserva este manuscrito do amigo até o final da sua vida.

43(2)

{07-02-1922}[1]

Para
D. Florbela Guimarães
Rua da Betesga, n. 7 e 9
Lisboa
Portugal

Boma, 7-2-922

Estou em Boma, onde tenho visto maravilhas. Estavam preparadas lindas festas em nossa honra, mas o nosso pobre comandante faleceu ontem. Espero e desejo que todos estejam de saúde. Escreve para Luanda. Saudades ao António, e muitos abraços para ti do mano patife

Apeles

[1] Postal dirigido para Florbela por seu irmão Apeles Espanca; pertencente ao espólio depositado hoje na Biblioteca Pública de Évora.

43(3)

{10-03-1922}

Lisboa, 10-Março-1922[1]

Meu querido Peles

Escrevo-te hoje a responder ao teu postal e ao mesmo tempo a felicitar-te, com um grande abraço, pelas tuas 25 primaveras já muito cheias de cabelos brancos e de muita patifaria e de muitíssima manha. Sempre me saíste um refinadíssimo malandrão!...[2] O teu postal será guardado no cofre, juntamente com as poucas preciosidades que possuo; e, juro-te que mesmo que o museu o queira adquirir, eu não me desfarei dele por coisa nenhuma deste mundo. Pudera... um tão raro e precioso autógrafo!... Nem a Bíblia que a Biblioteca de Leipzig vai pôr em leilão! Eu já sabia que estavas no Congo Belga pelos jornais que leio sempre nas notícias da Marinha, para saber de ti. Os jornais só falam do "Carvalho Araújo" em Roma. Calcula tu: em Roma! Sempre há cada urso![3] Escreve-me uma carta grande e conta muitas coisas bonitas. Isto por cá é cada vez mais, como dizia o D. Carlos, uma grande piolheira, cada vez com mais caspa e mais piolhos. Agora andam os "jovens sindicalistas" nos artigos de sensação à Grand-Guignol; é bomba para um lado, bomba para outro, bomba por todos os lados: uma zaragata constante.[4] Que bom que deve ser, longe desta banalidade trágica, pensar nas terras de Portugal! Eu creio que Portugal só pode gramar-se assim: longe dele, nas saudades. Goza o mais que puderes, guarda nos teus olhos o mais que puderes de visões consoladoras e grandes; enche a tua alma de coisas lindas e diz-mas bem, quando voltares, a esta pobre exilada das terras maravilhosas onde anda a sua saudade, e que nunca viu![5]

Aquarela de Apeles para a capa do livro de Soror Saudade

Mando-te uma violeta portuguesa com antepassados italianos; ela leva-te um beijo grande que eu lhe dei para ti. Tem uma vasta genealogia, é nobre e rica; nasceu num palácio e perfumou-se hoje mais para te agradar, a malandra! Graças a Deus, são todas assim! Em se tratando de ver o Peles, todas as damas se derretem.[6] Meu conquistador lusitano, os feitos heróicos que tu tens praticado! Sabes quem vi um dia destes toda saltitante, vestida de preto, como uma andorinha? A Stael. Vinha radiante! Pudera: viu-se livre de ti! Tu eras o carrasco daquela pobre mocidade, um rapaz de dedos sujos a estrafegar com crueldade uma pequena avezita. A Aurora é que continua liricamente a choramingar por ti. Encontrei-me com elas num baile de carnaval em casa da Milburges,[7] e ou fosse efeito da ceia ou da exaltação do momento, o que é certo é que teve de pôr mais pó de arroz porque as lágrimas lhe estragaram a pintura. Eu estou a brincar; mas palavra de honra que eu continuo a ter simpatia e mesmo afeição por aquela pobre rapariga que me habituei a considerar superior ao meio em que vive e que frequenta.[8] Agora inventaram-se primas do Dr. Álvaro Teixeira e não imaginas a intimidade, certamente perigosa, em que vivem todos.[9] A Lívia é que me parece ter terminado o namoro com o Fontes, o cônsul (não sei de que consulado), como ela o tratava nas suas orgulhosas confidências às amigas. Ouvindo-as, depois de dois anos de as não ver nem ouvir, deram-me a triste impressão de *marionettes* muito mal feitas, puxadas por uns cordelinhos muito frágeis e muito sujos. E queriam o meu rico irmão a puxar aqueles cordelinhos todos! Safa!![10]

E não chego a compreender como tu achas a Lívia linda. Mas ela nem sequer é bonita! Tu terás olhos de artista; e nesse caso, que providência os artistas para as mulheres feias! Escreve mais, sim? Não tenho ainda a minha casa, mas certamente quando vieres já a tenho e que prazer o meu e o do António receber-te lá, meu irmãozinho querido![11] Avisa quando vens, com tempo, sim? A violeta que te dê o grande beijo que eu te mando com todo o grande afeto duma irmã muito esquecida por um patife dum irmão.

Saudades,

Bela

O meu livro está à espera de ti para ir para o prelo.[12] Olha que eu quero-o fora este Outono! Tenho a tua promessa para o desenho da capa, não te esqueças![13]

Deixo esta meia folha para o António dizer da sua justiça. Mandamos-te a carta ao acaso, com as indicações que nos destes, "Luanda", e com o resto que tiramos do nosso inteligentíssimo toutiço.

Tua irmã amiga

Bela

Meu caro Apeles

Um grande abraço pelo dia de hoje, que se divirta muito e que regresse breve e com saúde, são os votos do seu

Mto. amigo

António Guimarães

P.S. – Um maçador dum irmão que tenho pede-me para eu lhe pedir que traga selos usados do Congo Belga e da nossa África. Desculpe a maçada.

António

O malandro do Alfredo Pimenta escangalhou-me o arranjinho, publicando um *Livro das quimeras*. Lá vão as minhas quimeras! O meu, ficou-se chamando *Livro de Sóror Saudade*.

Vai por aí gatafunhando a capa nas horas vagas, sim! Não desenhes uma preta!!![14]

[1] Dois dias antes, em 8 de março, António Guimarães havia sido dispensado da GNR para prestar serviço na 1ª Repartição da 1ª Direção-Geral do Ministério da Guerra, como Chefe de Gabinete do Ministro do Exército, de maneira que o casal mudara do Castelo da Foz para Lisboa. A situação de Guimarães começa a se aprumar, tornando-se, ele, aquela "pessoa importante" de que Florbela falara em carta de Évora.

Carta publicada por José Emídio Amaro (*Cartas de Florbela Espanca*. Lisboa, s/ed., s/d) e escrita por Florbela pelo aniversário de Apeles, no próprio dia de comemoração dos anos do irmão que se achava em Boma (Luanda, África) e que se encontra a bordo do cruzador "Carvalho Araújo". Há, nos guardados de Florbela, depositados hoje na Biblioteca Pública de Évora, um recorte de um jornal da época contendo uma fotografia da tripulação do cruzador, onde se vê Apeles.

[2] Repare-se que o tom brincalhão é semelhante àquele que Florbela utiliza com Guimarães em suas cartas, apenas mais maternal aqui.

[3] Os jornais se equivocam, como nota Florbela, e grafam "Roma" em lugar de "Boma". Há só uma pequena diferença de continentes entre uma e outra localidade...

[4] Florbela continua muito descontente com a situação política portuguesa que ela sempre avalia, aliás, através da maneira como afeta a sua relação com Guimarães. Em fevereiro, no dia 6, havia sido empossado o governo de António Maria da Silva, que passará por três diferentes fases: até 30 de novembro de 1922, até 7 de dezembro de 1922 e até 15 de novembro de 1923. Em outubro de 1921, exatamente no dia 19, o país sofrera a convulsão da chamada "revolução radical de 19 de Outubro de 1921", "manchada pela noite sangrenta em que marinheiros e civis assassinaram figuras ilustres de republicanos, como António Granjo, Carlos da Maia e Machado Santos, crimes que, como ficou provado pelas declarações dos criminosos, como o cabo Abel Olímpio, o 'Dente de Ouro', foram produto de uma organização de monárquicos especialmente criada para esse efeito"(pp. 159-160 do citado *História da 1ª República*, de Carlos Ferrão). Depois disso, assumiram o governo Manuel Maria Coelho (de 19/10/1921 a 5/11/1921), Maia Pinto (5/11/1921 a 16/12/1921), Cunha Leal ((16/12/1921 a 6/2/1922) e António Maria da Silva (consulte-se, a propósito, a já citada obra de Rui Ramos).

[5] Esta sensação de exilada é uma das grandes tópicas da sua poética.

[6] A violeta tem por fito introduzir o assunto das mulheres na vida de Apeles, como se observa.

[7] Muito provavelmente, no último Carnaval, visto que Milburges vive em Lisboa. Florbela já estaria residindo, pois, em Lisboa, aquando do Carnaval de 1922. Estas referidas Aurora e Lívia são conhecidas de Florbela pelo menos desde 17 de março de 1918, data das fotos tomadas em Campo Grande, em que ambas comparecem ao lado de Apeles e Florbela. Segundo Buja (cf. *Nótulas Florbelianas* de Lopes Rodrigues, Boletim da Biblioteca Municipal de Matozinhos n. 3, agosto de 1956), elas ter-se-iam mudado para o Brasil e a relação entre Florbela e ambas não teria restado amistosa devido a um rompimento entre uma delas e Apeles.

[8] De alguma forma, Florbela reflete nesta Aurora um pouco de si.

[9] São comentários sobre pessoas de comum conhecimento que frequentam os meios que também os Espanca frequentam; mas vê-se que Florbela desaprova tais primas inventadas.

[10] Florbela demonstra ter desenvolvido um olhar muito maduro em relação ao meio social em que vivia antes de partir para o Porto.

[11] Como se pode observar, Florbela ainda não tem casa própria. A casa da Rua da Betesga, para onde Apeles escreveu, não é a sua. Como se verá depois, este endereço pertence à firma Andrade & Amaral Ltda, cujo sócio, Joaquim

Andrade, sogro de Manuel (irmão de Guimarães), havia lhes cedido a sua quinta em Amadora (para morarem enquanto procuram casa em Lisboa), bem como este endereço para correspondência.

[12] Como salientei, nesta altura, Florbela ainda não havia composto os três derradeiros sonetos que ultimariam o livro.

[13] De fato, Apeles produzirá uma bela gravura, estilo *art déco* (hoje pertença da Biblioteca Pública de Évora), segundo a descrição que Florbela entretece de si mesma para ele na próxima carta de 25 de março. Não se sabe exatamente por que razão a aquarela não foi publicada como capa do *Livro de Sóror Saudade*.

[14] Entende-se a brincadeira: Apeles está em África!

43(4)

{24/02/1922}

Bela[1]

A África é a oitava maravilha, é mesmo mais que a oitava, é a décima, a décima quinta, é tudo que tu imaginares de melhor e não chega.

O meu passeio em auto ao interior, caçar jacarés, é uma cena de magia. Para ti, mulher, só uma coisa entra negativamente: é o calor que realmente é brutal mas para mim, rapaz na pujança da vida e que amo as coisas fortes, isso contribui para avigorar o cenário, a fauna deslumbrante.

Aqui tudo é vida, até mesmo a morte é uma manifestação da enormidade da vida! Eu tenho uma fantasia infinita, pois a natureza igualou-a.

Matei um gato tigrado a que mandei curtir a pele, para recordação. Ia ficando na lagoa de Cacoaco (Quartel-General do jacaré) devido à minha imprevidência, quando tentava apanhar uma *aigrette* linda que tinha morto.

Contar-te-ei coisas colossais, pois já sabes que não tenho paciência para escrever.[2]

Vou hoje com uns rapazes americanos, da Companhia do Petróleo, os mesmos do passeio dos jacarés, caçar *aigrettes*, a ver se levo algumas penas para um chapéu para a Bela.

Como vai a saúde, e o António?

A minha, de ferro; estou cor de bronze; já não quero outra vida.

Tens tido notícias de Évora?

Eu, nada.

Escreve para Luanda.

Saudades António.
Muitos beijos Bela do

Peles Leão.[3]

---

[1] A carta depositada pertence ao espólio depositado hoje na Biblioteca Pública de Évora; é endereçada
> *Para*
> *Florbela Espanca Guimarães*
> *Rua da Betesga n. 7 e 9*
> *Lisboa - Portugal Continental*

[2] Apeles não gosta de escrever; prefere desenhar ou pintar. Mas é extremamente expressivo no pouco que escreve, com tanta graça e humor. A frase sobre a morte é fantástica e parece se prestar perfeitamente ao caso dos dois irmãos.

[3] O remetente de Apeles Espanca é:
> *Cruzador Carvalho Araújo*
> *África*

43(5)

{25/03/1922}

25-3-1922

Meu querido irmão[1]

Apesar de ter estudado um pouco de latim clássico e ter decifrado um não pequeno número de textos em português do século XV, palavra d'honra que me vi tola para decifrar o teu português do século XXV... Eu e o António estudamos com um cuidado meticuloso a tua prosa, tão conscientemente como se fosse uma inscrição misteriosa do túmulo dum faraó...[2] Estou contente que já me tivesses escrito duas vezes, caso sem precedentes, em tempo algum; não esperava tanto e, por isso mesmo, por inesperada, maior é a alegria que as tuas cartas me causam. Ainda bem que te sentes bem no teu exílio e que te divertes assim tanto. A ação, o movimento, a vida intensa, ainda são grandes fatores de felicidade, principalmente para uma criatura como tu: mais positivo que ideal, amando mais a vida que o sonho.[3] Para mim, tudo isso seria um deslumbramento que chegaria a incomodar--me; as sensações fortes entontecem-me e fazem-me sofrer. A nossa vida neste velho Portugal, vida toda de resignação e sentimentalidade, vida estreita e mesquinha, sem horizontes nem ondas largas, convém mais a uma velhota de 27 anos que vive pela imaginação mais do que tu podes imaginar; na minha cadeira da Ilha, com um livro que me encanta sobre o regaço, eu viajo, às vezes, mais do que os maiores vagabundos, pelo mundo fora.[4] Mas quanta inveja às vezes dos que caminham sempre! Palavra que esta primavera portuguesa é estúpida. Queixas-te de demasiado calor; pois nós neste *adorável clima* trememos de frio de manhã à noite; chove torrencialmente, por vezes, e, no campo, onde eu vivo agora, isto é o mais desagradável que se pode calcular.

Deixa os gatos e os jacarés em paz, pelo amor de Deus. Pobres bichos, quanto prazer nos homens em acabar com eles! Se todos tivessem pelos bichos a simpatia que eu tenho, toda a gente se empregaria em tratá-los bem, como eles às vezes merecem bem mais do que as pessoas. De pessoas é que eu não gosto; e eu que não ligo importância a uma criança, enterneço-me vendo uma lagarta rastejar. A que anomalia do meu ser pertencerá isto? Que parte desequilibrada da minha alma vibra em contato com os infinitamente pequenos, com os infinitamente simples?...[5] Só falas em caçar, meu grande urso! És demasiado modesto quando dizes ter a natureza igualado a tua fantasia. Pateta Peles! Com dois traços tu fazes mais que toda a natureza com todos os seus gatos e jacarés. Vi na *Ilustração* a tua idealização do Alentejo. Demasiada serenidade, talvez, mas que profundidade de pensamento naquele rasgado de olhos! Ainda me não deste um só desenho teu, e isso é que eu queria muito, muito. Deixa os jacarés sossegados e faz algumas coisas para trazeres, sim? Certamente que todas as coisas belas que tu vês, e toda essa agitação do teu espírito, te hão de fazer o efeito duma paixão e dar-te o gosto de produzir, de criar, de fazer Arte com A grande. Quando vens? Não sabes ainda o mês certo de regresso? Não sejas imprevidente; toma cuidado com a tua saúde; olha que o ferro também verga. É muito gentil essa ideia de trazer *aigrettes* para um chapéu para a Bela, mas vale mais um pelo da tua cabeça que as mais lindas *aigrettes* do mundo, apesar do pelo ser incomparavelmente mais feio. Eu imagino a cor bonita que hás de trazer. Com certeza deves vir pouco mais ou menos da cor dum pele vermelha. Tu já és abundantemente escuro... Notícias de Évora nada, também eu, apesar de consideravelmente mais perto. Creio que estão na Nave a passar a Páscoa. Tens-lhe escrito muito? Eu já desisti, visto não conseguir resposta.[6] Escrevi dia 10 uma carta para Luanda; ainda vai certamente no caminho porque, tanto o postal como a carta que escreveste, levaram um mês certo a chegar.[7] Escreve muito; é uma festa quando se avistam os hieroglifos do *"Peles jacaré"*. Traz uma pele de leão, outra de urso e outra de tigre, ou antes, estas peles todas mas com o leão, o urso e o tigre dentro;[8] instalas um Jardim Zoológico em Vila Viçosa e mandas para lá a Zulmira, a Aurora, a Lívia etc. etc...

O Tónio manda saudades e um abraço grande. Eu mando muitos beijos e muitas saudades, muitas, muitas.

Bela

P.S. – O Tónio pede selos daí para colecionar. O remédio é escrever muito...

[1] Carta publicada por José Emídio Amaro na obra citada. Daqui por diante, só nomeio este autor, visto que se trata sempre da mesma obra.

[2] De fato, a letra de Apeles é belíssima mas difícil de ser decodificada.

[3] Neste sentido, Apeles é absolutamente o contrário dela, diferença que a ela apraz frisar sempre, como se verá.

[4] Esta descrição que faz de si será a que Apeles aproveitará como tema da capa que Florbela está solicitando para o seu livro. A partir desta data, repare-se, as cartas de Florbela para o irmão implicitarão, da parte dela, certa amargura e desencanto, desentusiasmo que, depois, será esclarecido devidamente.

[5] Esta é uma das grandes tópicas de toda a sua obra, em prosa ou em verso.

[6] Florbela reclama sempre da ausência de cartas por parte do pai.

[7] Esta é uma valiosa informação para que se possa especular sobre a data em que o casal Guimarães regressa a Lisboa, depois de ter deixado o Castelo da Foz. Se Apeles já escreve à Florbela através do endereço de Lisboa (Rua da Betesga) no seu primeiro cartão de África, o de 7 de fevereiro de 1922 — quando é que ele obteve tal informação: um mês antes?

[8] Note-se a brincadeira que Florbela vai desenvolvendo a partir do apelido do irmão: "Peles", "pelo", "peles".

43(6)

{20/04/1922}

Amadora, 20-4-1922

Minha boa Henriqueta[1]

Recebi a encomenda, que muito e muito agradecemos; foram os primeiros bolos que comi da festa; foi uma pobreza franciscana, e só agora vou tirar o ventre de misérias.[2] O bicho mau já comeu metade do bicho dele. Enquanto ao vestido, não tenho culpa de que ficasse uma porcaria como dizes que está. A mim, também, o último vestido que me fez não me deixou nada satisfeita, porque ficou também muito mal; isto é sempre assim, é como calha e, a não ser uma boa modista, as outras fazem quase sempre asneira.[3] O Apeles foi dia 13, às 5 horas da tarde, para Argel; trabalhou imenso para conseguir ir, pois que apenas chegaram de Luanda tiveram logo guia de desembarque para irem outros para Argel e era isso que lhe não convinha, porque vai nestes dias ganhar mais de um conto de reis. Ele pediu-me para escrever a dizer isto, mas não tenho tido tempo para nada. Andamos num sarilho à procura de casa, e o mais barato que temos encontrado são 2.000$00 de trespasse e 150$00 de renda; não sei o que hei de fazer à minha vida, tanto mais que no fim do mês os donos da quinta vêm para cá. O Peles vem dia 25; era bom que cá viessem nesse dia. No dia em que chegou de Luanda, fomos os três jantar no Leão d'Ouro, e depois fomos ao Coliseu; foi a primeira vez que pus os pés no teatro.[4] O dinheiro do vestido não merece a pena mandares-mo; dás-mo quando vieres. Nestes dias é que cá deviam estar; não imaginas o entusiasmo que vai por cá, por causa dos nossos aviadores. Os jornais não dão ideia do que isto é. Portugal está vivendo uma das suas

227

horas mais belas. Estou ouvindo as salvas em Lisboa e parece que tudo rebenta dentro do meu coração. Tenho chorado, eu que nunca choro. É uma coisa extraordinária o que aqueles dois homens estão fazendo, e em Lisboa anda tudo maluco; não se descreve a ansiedade com que dia e noite se esperam notícias; até eu ando maluca, e poucas coisas já me comovem nesta vida. A Marinha de Guerra anda inchadíssima e com razão, caramba! Venham depressa gritar com toda a gente: Viva Gago Coutinho! Viva Sacadura Cabral! Até breve, sim?

Saudades do bicho mau e da muito amiga, para os dois

Bela

[1] Carta publicada por José Emídio Amaro, dirigida à mulher do pai de Florbela, Henriqueta das Dores de Almeida, 42 anos. O casamento de ambos vai se realizar no dia 4 de julho de 1922.

[2] Provavelmente Florbela se refere à Páscoa e aos bolos da Páscoa que, provavelmente, lhe chegaram da nova madrasta. Todavia, surge pela primeira vez em sua correspondência uma tonalidade nova a respeito de Guimarães, visto que é tratado como "bicho mau", como se nota em seguida, expressão reiterada ao final da carta.

[3] Como já havia adiantado, os assuntos entre Florbela e Henriqueta são sempre desta ordem.

[4] Apeles já voltou, portanto, de Luanda; nessa altura, foram os três, ela, o marido e o irmão jantar e ao teatro. Ele embarcou, em seguida, para Argel, no dia 13, mas regressa no dia 25. Apeles, que presta serviço no cruzador *Carvalho Araújo*, vai participar do transporte de um dos aviões para a Travessia do Atlântico Sul, empreendida por Gago Coutinho e Sacadura Cabral, de 30 de março a 17 de junho de 1922. Trata-se do avião *Fairey Santa Cruz*, o segundo utilizado na viagem aérea, que é transportado pelo *Carvalho Araújo*, de Lisboa à ilha de Fernando de Noronha. Daí que também se entenda o entusiasmo de Florbela por essa empreitada aérea: o irmão faz parte desta (agora esporádica...) glória nacional!

43(7)

{01/06/1922}

1-6-922
J. d'Óbidos
Lisboa[1]

A Vida[2]

É vão o amor, o ódio, ou o desdém;
Inútil o desejo e o sentimento...
Lançar um grande amor aos pés d'alguém
O mesmo é que atirar flores ao vento!

Todos somos no mundo "Pedro Sem"...
Uma alegria é feita dum tormento,
Um riso é sempre o eco dum lamento,
Sabe-se lá um beijo donde vem!...

A mais bela ilusão morre... desfaz-se...
Uma saudade morta em nós renasce
Que no mesmo momento é já perdida...

Amar-te a vida inteira eu não podia.
A gente esquece sempre o bem dum dia.
Que queres, ó meu Amor, se é isto a vida![3]

Bela

[1] Soneto pertencente ao manuscrito *Claustro das quimeras*, estando anotado ali com o número "33", o que indica ser ele o antepenúltimo soneto do volume, portanto, segundo suponho, para ali transcrito após a dedicatória a Guimarães. O manuscrito do poema contém essa indicação de lugar e data e pertence ao espólio depositado hoje na Biblioteca Pública de Évora.

Parece que esta temática é indicial dos extremos do relacionamento de ambos. Lembro o soneto "Vida" de 30/04/1920, peça 26(1), que faz parte da fase eufórica amorosa, aquela posterior à Sintra, cujo título foi alterado para "Inconstância" mais tarde. O mesmo não se pode dizer deste, que pertence à simbólica de quase encerramento da relação do casal, ao pólo oposto desta história amorosa. Todavia, ambos os sonetos se comunicam por dentro graças ao forte apelo de relatividade que os enforma. No primeiro, o amor que vai desaparecendo é igual ao que está nascendo e que, por sua vez, também vai partir. No segundo, há uma referência ao momento de partida do amor que nascia no primeiro soneto e que, já agora, se despede: "Amar-te a vida inteira eu não podia".

[2] Como se observa, já, agora, em 1º de junho de 1922, Florbela reside na Rua Josefa d'Óbidos número 24, 4º, na Graça, em Lisboa. Como, ainda no final de abril, o casal se encontrava muito atribulado à procura de casa, visto que os donos da quinta da Amadora, onde se hospedavam, ocupariam a casa no final do mês (confira-se tal informação pela última carta), é provável que tenham-se mudado logo no mês de maio.

[3] Com ligeiras alterações de pontuação, apenas, este soneto é publicado em *Livro de Sóror Saudade* em 29º lugar, e não está presente no *Livro do nosso amor*.

43(8)

{01/06/1922}

1-6-922
J. d'Óbidos
Lisboa[1]

O meu orgulho[2]

Lembro-me o que fui dantes. Quem me dera
Não me lembrar! Em tardes dolorosas
Eu lembro-me que fui a primavera
Que em muros velhos faz nascer as rosas.

As minhas mãos outrora carinhosas
Pairavam como pombas. Quem soubera
Porque tudo passou e foi quimera,
E porque os muros velhos não dão rosas!

E são sempre os que eu amo que me esquecem;
Mas digo para mim: Não me merecem,
E já não fico tão abandonada...

Sinto que valho mais, mais pobrezinha:
Que também é orgulho ser sozinha,
E também é nobreza não ter nada.

Bela

E eu sonho:[3]

[1] Este é o penúltimo soneto pertencente ao manuscrito *Claustro das quimeras*, e traz tais anotações de data e de lugar. O manuscrito pertence ao espólio depositado hoje na Biblioteca Pública de Évora.

[2] Com apenas diferenças de pontuação e somente uma diferença de tempo verbal (4º verso do 1º quarteto: "fez" em lugar de "faz"), o soneto em pauta foi publicado em *Livro de Sóror Saudade*.

[3] É enigmático este começo de oração, situado logo abaixo da assinatura de Florbela e com dois pontos.

43(9)

{15/07/1922}

Lisboa, 15 de Julho de 1922

Meu querido Peles[1]

Recebi há dias um postal teu. Obrigada por se não ter esquecido que existe uma Bela, num sertão distante... Deves ter gozado imenso, e certamente que ainda terás mais coisas que contar do que no regresso de Luanda e Argel. Estou impaciente por te ver e ouvir, mas ao mesmo tempo desejosa que fiques ainda para a exposição para veres mais coisas grandes, já que o teu país é o das coisas pequeninas, exceto, é claro, as duas águias que para lá andam a esvoaçar.[2] Os jornais depois de terem falado imenso no *raid*, quase nada mais dizem de há uns dias para cá; nem falam sequer nos dois cruzadores, nem se ficam, nem se voltam, nem quando voltam. Mora no quinto andar cá do prédio um segundo sargento maquinista que foi contigo a Luanda e Argel, e ao Cairo com o Castelão. Ele conhece-te pelo Guarda-Marinha que pinta desenhos bonitos na *Ilustração Portuguesa*, e o Castelão pelo Guarda-Marinha, uma joia mas que anda sempre besuntão.[3] Na verdade creio que tem razão... Pois este sargento tem se informado, a meu pedido, no Arsenal, da chegada do *Carvalho Araújo*, mas até hoje nada a esse respeito sabem de positivo.

Tens cá uma carta há imenso tempo da Rosine; a mim já me escreveu duas bastante interessantes; as que eu lhe respondi, asneiras à parte, também não eram menos interessantes, juro. Calcula que até lhe mandei um soneto em português, que lhe dediquei. Devia ter-se visto à brocha para o decifrar, e se calhar não ficou percebendo patavina.[4] A minha carta já vai parecendo um livro da Gyp: areia e calão.[5] Bem, com isto não enfado mais. Arreceba muitas visitas do Tónio, nós todos bem, muito obrigada. A capa do meu livro será do Brasil que virá?...[6]

O pai casou-se. *Tableau*...[7]

Muitas, muitas saudades e beijos e abraços da Bela, irmã do Peles[8].

[1] Carta publicada por José Emídio Amaro. Dirigida a Apeles Espanca, que será graduado Segundo Tenente no dia 11 de agosto de 1922.

[2] Florbela se refere ao Brasil e à experiência de Apeles no Brasil, visto este ter vindo acompanhar a Travessia do Atlântico Sul de Sacadura Cabral e Gago Coutinho, a bordo do mesmo cruzador *Carvalho Araújo*, façanha que se encerrara em 17 de junho de 1922.

[3] Besuntão tem o sentido daquele anda emporcalhado, com a roupa suja, besuntada de nódoas. Castelão é o maior amigo de Apeles e também pertence, como ele, à Aeronática da Marinha.

[4] Segundo se sabe, Rosine era uma francesa, um caso amoroso de Apeles, com quem Florbela se corresponde em francês.

[5] Gyp é o pseudônimo da Condessa de Martel de Janville (Sybylla Gabriela Maria Antonietta de Riquetti de Mirabeau), segunda sobrinha de Mirabeau, nascida em 1850 na França. Além de escrever estudos sobre os costumes e extravagâncias da sociedade francesa, do mundo da alta roda e dos políticos, cultivou romances e foi ativista nos movimentos boulangista, antissemita e nacionalista. Algumas de suas obras romanescas: *A virtude da Baronesa*, *À roda do casamento*, *O que uma mulher quer...*, *Elas e ele*, *À roda do divórcio*, *Alegrias conjugais* etc. Os atributos com que Florbela designa esta obra se devem, certamente, ao seu tom fantasioso e ao teor dos assuntos abordados, um tanto audaciosos.

[6] Apeles ficara de enviar para Florbela o desenho que ela pedira para capa do seu livro. Ele estivera na ilha de Fernando de Noronha.

[7] O pai Espanca e Henriqueta haviam se casado há onze dias atrás, no dia 4 de julho.

[8] Em 01 de agosto de 1922, cerca de quinze dias após esta carta, a *Seara Nova* n. 16 (Lisboa), publicará o poema de Florbela "'Prince Charmant'", com a data de "1922", na página ao lado do "Soneto da lua", de Ângelo Cesar, dedicado "Ao Raúl Brandão" (enorme coincidência esta, pois que, segundo consta, Florbela apaixonar-se-á por Ângelo César no seu último ano de vida) e acima do poema "Amor e dor", de José Augusto de Castro. O corpo diretivo da revista era composto por Aquilino Ribeiro, Augusto Casimiro, Ferreira de Macedo, Jaime Cortesão, José de Azeredo Perdigão, Câmara Reys, Raul Brandão e Raul Proença (a quem o mesmo soneto de Florbela seria dedicado no *Livro de Sóror Saudade*, em 1923, encontrando-se em 16º lugar, com algumas diferenças de pontuação e de modificação. O mesmo soneto consta do *Livro do nosso amor* com título diferente: "Nunca", trazendo algumas modificações que o aproximam mais da publicação na *Seara Nova* que do *Livro de Sóror Saudade*. Encontra-se, também, mas já com o título definitivo e em 26º lugar, em *Claustro das quimeras*, trazendo uma indicação valiosa: "Vila Viçosa". É possível, pois, que este poema faça parte de uns tantos outros escritos naquela ocasião, quando Florbela passava as férias de Natal de 1919-1920 em casa de seu pai. Na mesma temporada, ela refere suas últimas produções poéticas a Américo Durão (carta

de Vila Viçosa, de 05 de janeiro de 1920) e escreve a Augusto d'Ésaguy (Vila Viçosa, 15 de janeiro de 1920): muito provavelmente cerca de um mês antes de conhecer António Guimarães. Em *Claustro das quimeras*, o soneto se acha quase exatamente como foi publicado na revista. Reproduzo abaixo o soneto tal como foi publicado na referida revista:

> *"PRINCE CHARMANT"*
> *No lânguido esmaecer das amorosas*
> *Tardes que morrem voluptuosamente*
> *Procurei-O no meio de toda a gente,*
> *Procurei-o em horas silenciosas*
>
> *Das noites da minh'alma, tenebrosas,*
> *Bica {sic} sangrando beijos, flor que sente...*
> *Olhos postos num sonho, humildemente...*
> *Mãos cheias de violetas e de rosas...*
>
> *E nunca O encontrei!... Prince Charmant...*
> *Como audaz cavaleiro em velhas lendas*
> *Virá, talvez, nas névoas da manhã!*
>
> *Ah! Toda a nossa vida anda a quimera*
> *Tecendo em frágeis dedos frágeis rendas...*
> *— Nunca se encontra Aquele que se espera!...*

Sobre a *Seara nova* e sobre Raul Proença, lembro que ele foi, ao que tudo indica, o mais importante interlocutor poético de Florbela. Conhece-se a relevância da sua apreciação acerca da primeira antologia poética de Florbela, *Primeiros passos* (1916, manuscrito conservado pela BNL, hoje na BPE)), fato de que me ocupo em *Florbela Espanca – Trocando Olhares* (obra citada). Como ali afirmo, "embora não sejam senão conhecidas duas únicas peças de uma correpondência que parece ter-se mantido assídua, é muito verossímil que o *Livro de mágoas* tenha sido germinado por meio de tentativas que resultaram de *Minha terra, meu amor* {um dos projetos de Florbela contidos no manuscrito "Trocando olhares"}, cujos poemas reelaborados depois compuseram, ao lado de outros que também sofrerão o influxo de uma nova interlocução, já agora com a poética de Américo Durão, os 35 sonetos que, numa carta de Quelfes em 7 de Maio de 1918, Florbela submete à apreciação de Raul Proença. Tais poemas, uma vez examinados por ele, devem ter inspirado a Florbela alterações e eleição, constituindo-se finalmente um montante expressivo que desembocou na sua primeira publicação" (p. 92) Raul Proença era irmão de Luís Sangrenan Proença, amigo do pai Espanca; por intermédio deste, Florbela entrara em contato com o crítico e doutrinador do "Grupo da Biblioteca", grupo que exerceu decisiva influência na cultura e na política portuguesas desde os últimos meses da vigência da República, lutando e se batendo contra a ditadura instaurada em 28 de maio de 1926. Jaime Cortesão e Raul Proença foram obrigados a se exilar em seguida.

43(10)

{05/09/1922}

Meu querido irmão

Lisboa, 5-9-1922[1]

Tenho esperado notícias tuas, mas decididamente vejo a inutilidade da esperança, e por isso resolvo-me a conversar um bocadinho contigo, já que há tanto tempo te não dignas escrever-me. Respondi para o Rio a um postal que me enviaste de Vitória,[2] primeiro e último testemunho de que ainda te lembras dos bananas que por aqui vegetam sem festas, sem regozijos, sem apoteoses. Lisboa neurasteniza, e estou contente que a tua alma vibrante e entusiástica de vinte anos se eleve ao contato de todas as belas coisas que vês: isto por cá deve parecer-te, à volta, um túmulo grotesco onde se agitam larvas.[3] Enfim, já que na vida é sempre preciso voltar, que seja ainda daqui a muito tempo; já vês que sou muito pouco egoísta, pois a minha razão deseja o contrário que o meu coração poderia desejar. Sei que te lembrarás, às vezes, duma irmã amiga que está ansiosa por te ouvir contar muitas coisas inverossímeis à força de ser belas. O teu riso, a tua força de viver, dar-me-iam uma grande felicidade, acredita. Que extraordinário ente tu és! Artista vibrante e sensível, compreendendo tudo, achando em tudo vida e emoção, tu com tudo isto realizas o milagre magnífico de teres nervos equilibrados sem coisa alguma de doentio, sem coisa alguma de mágoa. Que diferentes nós somos, não achas? Ou talvez sejamos parecidos e só me falte a mim a livre expansão de todas as forças da alma, comprimidas pelas mil engenhocas deste complicado mecanismo que é a vida. O que é certo é que eu, que esqueci há muito o riso são e verdadeiro,[4] gosto de te ver rir e assim te vi ontem pelas 10 horas da noite. Não vás imaginar que endoideci, mas pensa muito simplesmente que vi no Cinema Condes a fita do *raid* Lisboa-Brasil. Não vi mais ninguém, decerto porque ninguém mais me interessava a não ser o Peles lindo. Dançavas como um *entrain* verdadeiramente diabólico. A pobre da pequena de vestido de rendas não chegava ao teu ombro! Que esforço para conseguir passar-te da cintura! Bonita era, na verdade, e, como sempre, tens bom gosto apesar de as escolheres sempre anatomicamente imperfeitas... não te escames que isto não é verdade; pequenina, mas gentil e bem feita, o novo *flirt* do Peles... Estás sempre a rir e pareces-me ainda mais preto, mas mais magro; é verdade?[5] Quantas coisas tu me contarás! Tu sabes que a irmã poetisa compreende todas as emoções e todas as loucuras da tua alma.[6] A pobre Rosine tem escrito sempre, e eu tenho-lhe respondido, mas, se bem que me faça insinuações frequentes a teu respeito, evito responder-lhe por discrição, pois não sei o que quererias que ela soubesse a teu respeito e, assim, na dúvida, não lhe digo nada. Às vezes, falando indiferentemente e sem intenção, pode fazer-se tolice.[7]

Se puderes, escreve, sim? O António envia-te um abraço e, como eu, deseja-te muitas, muitas coisas boas.

Lembranças minhas ao Castelão.

Um grande abraço muito apertado e com saudades da

Bela.

A mãe Mariana está cá e também se recomenda ao Peles.[8]

[1] Carta publicada por José Emídio Amaro.

[2] Eis a prova viva de que Apeles visitou, nesta ocasião, o Brasil, tendo estado em Fernando de Noronha, Vitória e Rio de Janeiro, pelo menos.

[3] As críticas de Florbela à vida portuguesa parecem se exceder, deixando vislumbrar, um tanto, o travo difícil da sua vida pessoal de então.

[4] Florbela não parece falar assim apenas para contrastar-se com o irmão; seu discurso é amargo e é possível que esteja vivendo uma grande dificuldade amorosa que, como se verá, não será passageira.

[5] Repare-se, primeiro, o orgulho de Florbela por ter visto o irmão na reportagem cinematográfica sobre a travessia. Depois, a crer na maneira como faz os reparos, foi com uma atenção considerável que o viu e o observou nos mínimos detalhes.

[6] Este é o ponto fundamental do relacionamento deles: a funda compreensão que os une, muito embora, saibamos ao longo desta correspondência, por Henriqueta e pela própria Florbela, Apeles é muito crítico em relação ao comportamento afetivo da irmã.

[7] Florbela jamais pecou por indiscrição, pelo menos que se saiba.

[8] O antigo projeto do pai Espanca de levar Mariana para viver com Florbela, segundo se lê nas cartas de Évora de janeiro de 1921, parece não ter se consolidado — não se sabe se por vontade de Guimarães ou da própria madrasta de Florbela. Assim, Mariana deve estar, nesse momento, passando alguns dias em casa de Florbela, ou mesmo visitando momentaneamente a afilhada no instante em que esta ultima a carta a Apeles — mas nada além disso.

43(11)

{18/11/1922}

Lisboa, 18-11-1922[1]

Mano Peles

Lá vai a última e irrevogável cravadela: envio-te a conta da *toilette* que me ofereceste. Fui a um alfaiate pelintra para conseguir um preço razoável, e foi o que felizmente aconteceu.

Como eu não podia dispor deste dinheiro, pedi emprestado ao meu cunhado Manuel, que é bom rapaz e que imediatamente a isso se prontificou; peço-te pois para, por toda esta semana, fazeres o favor de lhe entregar essa importância que ele me emprestou para o pagamento do vestido. Vai, ou manda por um moço ou pelo correio à Rua da Betesga 7 e 9; se ele não estiver, podes deixar a qualquer dos sócios da loja, que depois lhe entregam tudo.[2] Não te esqueças, não? E mais uma vez obrigada; desejo que não seja a última vez que navegues até ao Brasil para não ser a última *toilette* oferecida à mana pelintra.

Quando apareces? Olha que eu moro na Rua Josefa d'Óbidos, 24-4º (à Graça), Lisboa.[3]

O vestido está fixe, digno da mana dum mano fixíssimo.

Beijos ao Peles urso e os *mercis* todos da

Bela

P.S. – Se o mano Peles estiver tão pelintra como a mana pelintra, não pague nada, que eu quando puder saldarei a minha dívida e, mesmo assim, tudo está fixe.[4]

Beijos e abraços da

Bela[5]

[1] Carta publicada por José Emídio Amaro. Trata-se da primeira carta em que não é feita nenhuma menção a Guimarães. Também o conteúdo é estranho, visto que Florbela toma emprestado dinheiro do cunhado Manuel, mas não do marido. Porém, como ela faz aniversário dentro de mais ou menos vinte dias, certamente trata-se de prenda de aniversário, oferecida pelo irmão.

[2] Já se sabe, agora com certeza, que a firma da Rua da Betesga é de fato de parentes de Guimarães, e que Florbela não residiu lá, sendo apenas esse o endereço para correspondência no tempo em que se encontrava na quinta da Amadora.

[3] Claro que Apeles conhece de sobra o endereço de Florbela; ela está apenas chamando a atenção dele em virtude da sua prolongada ausência à sua casa.

[4] Florbela se confessa "pelintra", ou seja, sem fundos. Este não é, de fato, um bom sintoma, sobretudo agora que o marido se encontra num cargo mais promissor.

[5] Anexada à carta encontra-se a conta, que reproduzo:

F. SANTOS MATTOS
Atelier e Confecções
ALFAIATE DE SENHORAS
Costumes, Robes e Manteaux
Rua da Oliveira, 19, 1º
ao Carmo

E, no verso, há a seguinte listagem:

Lisboa, ... de.............. 192.........
A Exma. Sra. D. Florbela Guimarães comprou
Feitio de Vestido.......................40$00
Entertela.....................................4$50
Fita de conrselet...........................2$50
6 m de straford a $25...................1$50
5 botões a $80.............................4$00
1 peça de cordão..........................1$00
                                          53$50

R. Josefa d'Óbidos, 24-4º

43(12)

{23/11/1922}

23-11-922
Josefa d' Óbidos
Lisboa[1]

Tarde demais...[2]

Quando chegaste enfim, para te ver
Abriu-se a noite em mágico luar;
E pra o som de teus passos conhecer
Pôs-se o silêncio, em volta, a escutar...

Chegaste enfim! Milagre de endoidar!
Viu-se nessa hora o que não pode ser:
Em plena noite, a noite iluminar,
E as pedras do caminho florescer!

Beijando a areia d'oiro dos desertos
Procurara-te em vão! Braços abertos,
Pés nus, olhos a rir, a boca em flor!

E há cem anos que eu fui nova e linda!...
E a minha boca morta grita ainda:
"Por que chegaste tarde, Ó meu Amor?!..."

---

[1] Este é o derradeiro soneto pertencente ao manuscrito *Claustro das quimeras*, trazendo tal anotação de lugar e data. Com ligeiras modificações de maiúsculas, o soneto comparece, em 19º lugar, no *Livro de Sóror Saudade*.
[2] Soneto escrito no quinto dia após a última carta a Apeles.

9. Lisboa e Gonça: O "calvário".

"Amar-te a vida inteira eu não podia"

(O "Bicho Mau")

Florbela Espanca

44

{03/01/1923 ?}

{Dedicatória do *Livro de Sóror Saudade* a António Guimarães}[1]

Ao Tónio

O primeiro exemplar de o "Livro de Sóror Saudade"[2] pertencia-te. Ofereço-to pois com muito afeto e muito reconhecimento por tudo que te devo de bom e feliz na minha vida.
Tua amiga, muito amiga

Bela.[3]

---

[1] Em 03 de janeiro de 1923, vinha à luz o *Livro de Sóror Saudade* (Lisboa, A Americana/Edição da Autora, sem data) que, segundo consta, foi editado por Francisco Laje. Pelo teor da dedicatória em pauta, esta deve datar mais ou menos dessa época. A dedicatória, feita à mão e à tinta, se encontra na segunda folha da primeira edição desse livro, logo abaixo do título, e as palavras "Ao Tónio" se localizam logo abaixo da palavra "Saudade" do título, ao qual se anexam por meio de um risco de inclusão.

Embora refira o afeto, o conteúdo da dedicatória dá muito mais a impressão de reconhecimento. Também o verbo no passado — "pertencia-te" — mostra uma certa distância emotiva, como se dissesse que, por direito, o volume ainda lhe pertence. Assim, em relação à dedicatória anterior à do manuscrito *Claustro das quimeras*, poder-se-ia dizer que ambas estão há milhas de distância na gradação amorosa.

[2] A 04 de janeiro de 1923, no "Século da Noite" (recorte conservado nos guardados de Florbela e pertença do espólio da Biblioteca Pública de Évora), há um comentário, sem assinatura, sobre o *Livro de Sóror Saudade*. Na seção "Versos de Mulheres", lê-se que Florbela "confirma inteiramente neste novo livro de versos as raras e brilhantes qualidades que a crítica lhe apontou aquando de sua formosíssima {sic} estreia no mundo das letras". Que se trata de "um livro de ternura e de bondade, {sic} um pouco doloroso, talvez, impregnado de uma tristeza de renúncia."

Datado de 10 de janeiro de 1923, o *Diário de Lisboa* também expõe um comentário: que o *Livro de Sóror Saudade* mostra, da parte de Florbela, "que a sua sensibilidade entrou na fase de confidências murmuradas com lábios levemente tocados do exílio do claustro".

[3] Em 13 de janeiro de 1923 Florbela oferece um exemplar ao Dr. Mário Lage (seu futuro terceiro marido), com a seguinte dedicatória:

Ao Exmo. Sr. Dr. Mário Lage {que faria aniversário no dia seguinte}, a prometida meia hora de sono, desejando-a cheia de lindos sonhos.

Com muita amizade.

Lisboa 13/Janeiro/1923.

44(1)

{16/02/1923}

{Carta do articulista Gastão de Bettencourt a Florbela Espanca}[1]

GASTÃO DE BETTENCOURT
R. da Procissão, 45, 1º
Lisboa

16/2/923

Minha Exma. Senhora

De regresso de uma viagem pelo Norte, venho encontrar o cartão de V. Exa. e o seu *Livro de Sóror Saudade*,[2] que vou ler com todo o interesse, certo dos gratos momentos de prazer espiritual que ele me vai proporcionar.

Oportunamente direi a V. Exa. as minhas impressões, aliás sem qualquer pretensão crítica, pois que essa ingrata tarefa, deixo-a àqueles que enfaticamente se arrogam de críticos.

Perdoe-me V. Exa. só hoje lhe venha agradecer a cativadora gentileza com que me distinguiu, e permita que me confesse muito grato.

De V. Exa.
Admirador muito agradecido

Gastão de Bettencourt[3]

247

[1] Pertença do espólio Florbela Espanca.

De fevereiro a junho de 1923, Florbela dá aulas particulares de Português a Aurélia Borges, Helena Graça dos Santos, Maria do Céu Amaro dos Santos e Lídia Aguiar do Amaral, na casa desta, em Lisboa, à Rua Braacamp número 25. Em 20 de fevereiro de 1923, o *Correio da Manhã* faz uma apreciação favorável ao *Livro de Sóror Saudade*. Florbela guardou dois recortes desta crítica que se encontram atualmente no seu espólio da Biblioteca Pública de Évora. O artigo saudava o "contingente de senhoras {que} cresce dia a dia. Sejam sempre benvindas quando, como esta, saibam versejar".

[2] A 4 de março, Gastão de Bettencourt, no *Jornal do Comércio e das Colónias* (Lisboa — recorte guardado por Florbela e também depositado na BPE), comentará, com muitos elogios, o *Livro de Sóror Saudade*. Afirmando que "sentia sempre um receio enorme quando abria um livro de mulher", o receio de "ver perdida mais uma flor de delicada beleza, queimada pela revolta indomada, pelo anseio de alcançar uma celebridade fugaz e enganadora, a sua mais admirável qualidade — a sua graça feminina" — Gastão de Bettencourt confessa, então, que este não é em absoluto o caso de Florbela Espanca.

[3] A propósito das outras apreciações sobre o *Livro de Sóror Saudade*, lembro que a 29 de março, no *Diário de Notícias* de Lisboa, num artigo sem assinatura, Florbela é colocada ao lado de outras mulheres poetisas como Maria de Carvalho, Mafalda Monsinho de Albuquerque, Branca da Gonta, Domitília de Carvalho e das contemporâneas Virgínia Victorino, Beatriz Delgado, Olinda Gonçalves, Olívia Guerra Gomes, Maria Leonor Reis e Mafalda de Castro. O comentário, que é elogioso, refere a "largueza de inspiração, sensibilidade verdadeiramente feminina e sinceridade com que descreve os melhores impulsos da sua alma".

Em 1º de abril de 1923, o jornal *A Época* (jornal católico de Lisboa, de J. Fernando de Sousa, dito "Nemo", pseudônimo que, aliás, assina o referido comentário sobre o *Livro de Sóror Saudade*), faz sérias críticas morais aos poemas de Florbela. Comenta, pois, que Florbela se põe "de rastos?! Atitude d'escrava de harém, que não de mulher cristã!" Que Florbela fecha o seu livro "com um soneto praticamente perfeito, se a forma, o ritmo e a cor fossem tudo na arte, mas que é revoltantemente pagão e digno de ser recitado em honra da Vênus impudica." Conclui, portanto, "Nemo", que ela "não descobriu o tesouro escondido do Evangelho, nem soube escolher a melhor parte que não lhe seria tirada". Sua obra é de "requintada voluptuosidade" e, portanto, mais "valeria pedir a Deus, como na oração ritual que precede a recitação do Evangelho, que lhe purifique os lábios, literariamente manchados, como purificou os do profeta com um carvão ardente. E peça-lhe perdão do mau emprego que faz de suas incontestáveis aptidões poéticas". Assim, o *Livro de Sóror Saudade* é "um livro mau", um "livro desmoralizador". Convido o leitor a conhecer o papel que desempenhará, na polêmica posterior à morte de Florbela, tal tipo de apreciação — através dos meus ensaios constantes em *Poemas de Florbela Espanca* (São Paulo, Martins Fontes, 1996), em *Florbela Espanca* (Rio de Janeiro, Agir, 1995) e em *Florbela Espanca - Afinado desconcerto* (São Paulo, Iluminuras, 2002).

Em data incerta, apenas referida como o sábado após o sábado de carnaval, supostamente deste ano de 1923 (pois que se diz respeito ao lançamento do *Livro de Sóror Saudade*), Botto de Carvalho escreve um artigo intitulado "O Sr. A. de A. e as poetisas portuguesas" — recorte guardado nos pertences pessoais de Florbela, hoje espólio da BPE. O texto responde a uma crítica apresentada na *Ilustração Portuguesa* (que foi estampada no sábado gordo de Carnaval), que invocava os *Namorados*, de Virgínia Victorino, contra o *Livro de Sóror Saudade*, de Florbela, como se este fosse a sua estreia, e tratando depreciativamente à Florbela como se pertencesse a "uma chusma de inspiradas meninas". Contra, portanto, o argumento de A. de A. de que Florbela teria sido influenciada por

Victorino, Botto de Carvalho esclarece que essa obra não é sua estreia, mas sim o *Livro de mágoas*, que, aliás, foi publicado em 1919, antes, portanto, de *Namorados* de Virgínia Victorino, que foi publicado apenas em 1921. Assim, mais fácil será afirmar que Victorino foi influenciada por Florbela, e não o contrário, como o quer A. de A.

Certamente com receio de que polemizem com ele acusando-o de arbitrariedade, visto que é amigo de Florbela, Botto de Carvalho, que assina B. de C., termina o arrazoado explicando que não conheceu nenhuma das poetisas e que, para "o caso presente, não me interessa conhecê-las".

44(2)

{18/05/1923}

Meu Peles[1]

18-5-1923[2]

Já desembarcaste, ou continuas navegando por paragens ignotas?... Não há meio de te pôr os olhos em cima, meu reverendíssimo urso. Quando apareces? Participo--te que a Buja[3] comprou uma quinta por 230 contos, para os lados do Lumiar. Fomos lá todos, domingo passado, almoçar, e não calculas como foi interessante e ao mesmo tempo como lamentamos a tua falta e a do Castelão, mas foi uma resolução tomada às 4 horas da madrugada de sábado e nós fomos às 8 horas da manhã, isto é, quatro horas depois da resolução tomada. Eu lembrava-me que lhe fosses dar os parabéns, tu e o Castelão, sábado 19, que é dia de reunião, como em casa do Plantier. Eu também lá vou[4]; se não for jantar, vou à noite, e é provável que se combine outro passeio à quinta para domingo e era bom que vocês fossem os dois. Vai e leva-me o tal lenço de seda que me prometeste, meu urso, que já de tal te não lembras. Olha que daqui a pouco não se usam!... Se o não levas... enforco-te com ele!! Saudades do Tónio[5]. Beijos da

Bela

[1] Postal publicado por José Emídio Amaro. É dirigido a

Exmo Sr.
Apeles Espanca
Travessa de André Valente
Lisboa

[2] A propósito das críticas dirigidas às mulheres escritoras da época, refiro que a 9 de junho de 1923, na *Revista Portuguesa* de Lisboa, José Dias-Sancho, num artigo intitulado "Elas, as poetisas..." faz uma crítica mordaz à escritura feminina da época. Não há nenhuma insinuação à obra de Florbela, e, nominalmente, apenas um ligeiro toque em Virgínia Victorino quando afirma que a cromia dos simbolistas foi transformada em "Manual dos Namorados — sem outro ideal além de pôr em compasso de valsa os beijos que ela lhe deu" etc. Lembro que *Namorados* é uma das suas obras poéticas, publicada em 1921. Todavia, o artigo mostra bem a posição masculina a respeito das poetisas, estas, que preferem "o verso para nos dizerem os sortilégios dos seus amores, as contas das suas modistas, ou, muito simplesmente, a complicada psicologia das suas cozinheiras..." E o artigo se encerra constatando que "os cogumelos têm uma extraordinária semelhança com as poetisas: além de se reproduzirem prodigiosamente, usam chapéu, como elas, e, se há alguns saborosos e suculentos, outros todavia envenenam perigosamente..."
Nos guardados de Florbela, hoje depositados na BPE, há também um recorte sem data (mas tudo indica que pertença a esta faixa temporal) contendo um ligeiro comentário sobre o *Livro de Sóror Saudade*, que se detém apenas em transcrever alguns dos poemas.

[3] Buja é Milburges Ferreira, sua amiga desde a infância, aquela que pretendia convidar como madrinha do seu casamento com Guimarães.

[4] Ao contrário das cartas anteriores ao irmão, desta feita Florbela parece mais animada.

[5] Tónio voltou a estar presente na correspondência de Florbela.

44(3)

{agosto ou setembro de 1923?}

Querido Peles[1]

Vim ver-te, já que não me apareces. Afinal não te vi. Urso.

Vou amanhã no comboio das 9 horas da manhã para o Estoril. A Buja gostaria que vocês fossem também. Querem?

O *chalet* é em São João do Estoril, mesmo ao pé da estação, e chama-se *Chalet* Cosme, 2°, cave.

Vai, porque encontrarás a Ema e a Chelica, que costumam lá ir todos os domingos. Não te digo que lá me encontrarás, porque isso é coisa que não te fará mossa... mas a Chelica e a Ema... principalmente a Ema...

Até amanhã.

Os mais saudosos abraços da amiga irmã

Bela.

---

[1] Bilhete publicado por José Emídio Amaro, endereçado a Apeles e escrito supostamente nesta data. Tudo indica que Florbela redigiu-o em casa do irmão, pois que foi até lá, provavelmente na Travessa de André Valente. Quando ela usa o plural está se referindo a seu irmão e ao Castelão que, aparentemente, divide a casa com Apeles.

Repare-se que Florbela anda mais animada, procurando mais o irmão para programas com amigas. Buja, que deve ter voltado a frequentar Florbela em Lisboa, está lhe fazendo muita companhia e entretendo-a. Guimarães não é citado no bilhete, mas a exiguidade da mensagem pode explicar isso.

44(4)

{11/10/1923}

Lisboa, 11 de Outubro de 1923

Meu querido irmão[1]

Já há dias que ando para te escrever a primeira carta da série, que nunca mais há de acabar, de cartas que tenciono escrever ao Peles, mas também tenho andado em preparativos de viagem pois tenciono partir dia 14, no rápido, para o Porto, e de lá para a aldeia,[2] pastar, por conselho dos médicos.[3] Ando amarela, magra e fatigada e, no entender de Suas Exas., pastar no sertão da aldeia há-de ser-me de grande proveito. Veremos se quando o Peles chegar, a mana Chaby não pode entrar no barco...[4]

Têm feito boa viagem? O tempo tem ido um encanto, e todos os dias tenho pensado que deve ser maravilhoso andar entre dois azuis transparentes, longe do mundo e das suas maçadas e tristezas. Ainda bem que o Peles pode à vontade saturar-se desse profundo prazer que, para mim, no estado de sonho, fica sendo eternamente um impossível.[5] Escreve e diz muita coisa, ou pelo menos um postal de vez em quando a marcar uma *étape*, para te acompanhar pelo pensamento por esse mar fora.[6] Lisboa sempre a mesma coisa; um Outono magnífico como a mais linda das Primaveras. A política não te interessa e a mim também não. Os boatos tétricos do costume e, no passado dia 2, uma revolução na rua, tudo a postos, que afinal não se chegou a realizar não sei se por falta do *metteur en scène*, se por falta do ponto. Dizem que a marujada sem querer fez abortar o projeto, pois que os dirigentes da revolução contavam com ela mas os barcos foram esperar o novo Presidente, e a *première* da peça ficou adiada para ocasião

253

oportunamente anunciada.[7] A Stael nunca mais apareceu, não sei se te iria procurar; se por acaso foi, que profunda desilusão! Não vi ainda o Américo Durão nem o Castelão de Almeida; tenho ido frequentes vezes à Baixa, mas não sei onde a gente conhecida se mete que não há meio de ver ninguém.[8] O pai creio que ficou para a Nave. Foi assistir ao casamento, mas creio que só sai de lá quando nascer ao Domingos o primeiro filho. Não sei dele nem sequer me escreveram ainda. A Buja[9] volta já dia 17 para Lisboa, e há um chá em casa da D. Anica para comemorar tão grandioso acontecimento. É servido dum bolinho e duma chávena de chá?

Querido irmão, muito querido e lembrado com tanta saudade, os meus desejos são que tenhas saúde e que estejas contente e que voltes bem. Toma cuidado contigo, não sejas imprudente com o clima e com as caçadas; lembra-te que és preciso ao meu coração, que tomou o doce hábito de te conservar um cantinho privilegiado onde mais ninguém entra. Com um grande abraço do Tony, vão todos os beijos da irmã muito amiga

Bela

Escreve para Lisboa, porque eu só estou um mês no Norte.

---

[1] Carta publicada por José Emídio Amaro.
[2] A referida "aldeia" é Gonça; Florbela vai, no dia 14, para a quinta do Senhor Martins, marido da sua cunhada Maria, irmã de António. A quinta fica nesse povoado que é próximo a Guimarães, no Porto.

[3] O médico, segundo consta, seria o Dr. Cassiano Neves e, ainda e em casa da cunhada, em Gonça, Florbela teria sido visitada pelo Doutor Mário Lage, seu futuro terceiro marido.

[4] Cláudio Bernardo Pereira Chaby (1818-1905) foi general e escritor português, responsável pelas duas campanhas até à Convenção de Évora Monte. Desempenhou importantes comissões de serviço, bateu-se contra a patuleia e as discórdias civis, e acabou ligando seu nome a trabalhos literários. Percorreu a Espanha, Itália, França, Alemanha, Bélgica, Holanda, como observador. Foi tradutor de obras literárias, produziu também imitações de comédias de dramas, versos etc. A menção à irmã de Chaby é enigmática e talvez pertença ao anedotário local. Mas, em todo o caso, pode-se depreender que tenha sido conhecida como uma senhora forte que mal pôde entrar em certo barco...
Observo que Florbela está, de novo, doente, e os médicos receitam o campo. A doença nela parece ser sempre sintoma de algum mal-estar psicológico que frequentemente tem início com uma somatização, como vimos. Todavia, Tónio se transformou, agora, em "Tony", e não há indício nenhum de algum problema conjugal — pelo menos não nas cartas. Todavia, há informações fornecidas por Rui Guedes (p. 59 de *Acerca de Florbela Espanca*. Lisboa, Dom Quixote, 1986), de que nesta altura (novembro de 1923), Florbela sofreu um aborto involuntário. Todavia, ele se confunde, porque Florbela indica que partirá para Gonça no dia 14 de outubro, como se lê nesta carta a Apeles, e não em 14 de novembro, como se lê em Guedes.

[5] Sempre a comparação entre o que ele faz e o que ela não pode fazer, ou entre o que um é e o outro não. No presente caso, Apeles está em alto-mar, entre dois azuis: o do céu, o do mar — fato impossível para ela, mesmo em sonho.

[6] Há em Florbela uma tendência a viver a vida de Apeles, aquela que ela nunca poderá ter, a das aventuras — a vida masculina independente.

[7] É uma referência à permanente instabilidade da situação política portuguesa, a qual Florbela tem ridicularizado sempre que pode, e, como já disse, mais em virtude do quanto azeda a sua vida com Guimarães, embora não seja este o caso atual. É o terceiro governo de António Maria da Silva, que, aliás, vai cair no dia 15 de novembro de 1923 quando, então, será substituído pelo governo de Ginestal Machado, de pouquíssima duração (15/11/1923 a 18/12/1923). Florbela se remonta, aqui, à intentona resultante do embate político entre Teixeira Gomes e Bernardino Machado, que culmina no dia 3 de outubro, quando o primeiro desembarca no Arsenal da Marinha em Lisboa, a bordo do cruzador inglês "Carysford".
É muito saborosa a maneira como ela conta o caso político, situando-o, aliás, devidamente, como episódio teatral, sem diretor...

[8] Acerca da interlocução poética entre Florbela e Américo Durão, consulte-se o meu já citado *Florbela Espanca - Trocando olhares*, bem como o meu "A interlocução de Forbela com a poética de Américo Durão" (*Colóquio/Letras* n. 132-133. Lisboa, Fundação Calouste Gulbenkian, 199, pp. 99-110). No fundo, Florbela reclama de solidão.

[9] O relacionamento social de Florbela em Lisboa parece girar em torno de Buja.

44(5)

{19/11/1923}

Gonça, 19 de Novembro de 1923

Meu querido Peles[1]

Recebi os teus postais da Madeira, e li no jornal que tudo a bordo caminhava bem. Lamento não ter que te enviar de cá as mesmas notícias, pois que adoeci poucos dias depois de teres partido com uma coisa qualquer de coração que tem um nome muito esquisito.[2] Vim por ordem do meu médico passar uma temporada no Norte, onde me encontro há três dias e donde te escrevo. Não é nada de cuidado, segundo me disseram, por isso não fiques inquieto, e aqui certamente hei de curar-me e engordar e pôr-me vermelha como estas belas raparigas destes sítios. O que eu quero é que o Peles querido mande sempre notícias, embora em estilo telegráfico, como é seu costume. Continua a escrever para Lisboa, Rua Josefa d'Óbidos, 24-4º: que o António manda-me sempre de lá toda a minha correspondência. Faz-me bem saber de ti, pois és a minha afeição mais profunda, aquela que os anos escavaram e onde o tempo lançou raízes; dela não espero desilusões, e é com confiança que lhe entrego muito do meu coração. Irmão querido, diverte-te muito, distrai-te muito, colhe da vida tudo o que de bom ela te oferecer; realiza-te por nós dois, por ti que vais a tempo e por mim que já vivi e que certamente não mais recomeçarei a viver;[3] arranja muitas noivas, mas escolhe-as duma nacionalidade de que eu saiba a língua; do contrário, não posso continuar-te a correspondência, como acontecia com Mademoiselle Rosine.[4]

Tudo isso por aqui é duma beleza tão grande, duma tão grande serenidade, que é impossível não sentir; acho-me bem a fazer uma vida um pouco animal, a interessar-me por estas histórias d'aldeia, enfim, a ler ao natural um romance de Júlio Diniz.[5] O António continua com a sua ideia de ir para a África uns dois anos, e se for em boas condições, acho que não é tolice;[6] tu de vez em quando por lá apareces com a facilidade com que qualquer burguês alfacinha vai de Lisboa almoçar ao Estoril. Quando voltarás tu? O que é preciso é conservares a saúde e não te expores a perigos por imprudências que não sejam absolutamente precisas. Tem cuidado contigo e com a tua vida.[7]

De Lisboa nada sei; a Buja ainda não me escreveu, e o pai também não[8].

Escreve tu, sempre que possas. Muitas saudades, beijos e abraços da tua irmã do coração muito amiga

Bela

[1] Carta publicada por José Emídio Amaro.
[2] Já adiantei que se especula que Florbela estaria grávida (segunda gravidez com António), quando sofreu um aborto ocasionado por sífilis. A doença do coração seria apenas uma maneira de conservar para si o doloroso fracasso, que, pelo visto, não estava disposta a compartilhar nem mesmo com o irmão.

[3] É num tom muito nostálgico e sensibilizado que Florbela conversa nesse momento com o irmão. Ao mesmo tempo, ela dá a impressão de estar escrevendo sub-repticiamente, por códigos, por símbolos, ou seja: ela já foi desiludida por todos (incluindo o marido), menos por ele; ele precisa viver a vida também por ela, porque sua chance já passou e ela fracassou; não poder recomeçar a vida significa encontrar-se num impasse, numa rua sem saída. Todavia, a relação com o marido parece rotineira, pois que ele cumpre suas obrigações e lhe envia sempre a correspondência.

[4] Mas logo o formato sério desse entrecho da carta cede lugar ao seu irresistível humor.

[5] Este trecho da carta que conta a experiência da "aldeia" com tanta satisfação, lembra uma outra carta de Florbela, escrita de Pavia a Julinha Alves (carta de 28 de julho de 1916), em que o gosto pelo campo se manifesta com toda pujança.

[6] Segundo consta, nesta altura da sua vida, Guimarães estaria muito individado, pretendendo seguir para a África a fim de refazer os seus bens. Florbela o seguiria? Não há indícios a respeito na carta, mas ela devaneia com a visita do irmão à África — o que pode significar que teria ela intenção de acompanhar o marido.

[7] Sempre esta preocupação constante com o Apeles, que é seu único irmão, que é mais novo que ela, mas por quem, também, como ela própria dirá em carta posterior à morte dele, nutre forte sentimento materno. Malgrado tudo, Apeles iria se suicidar em 6 de junho de 1927, jogando o hidroavião que pilotava contra as águas do Tejo.

[8] Já anotei o quanto a Buja está presente na vida da Florbela desta Lisboa de agora.

45

{23/11/1923}

Gonça 23 de Novembro de 1923

Tónio[1]

Recebi hoje um postal teu em resposta a uma carta minha.[2] Como vês, não sou apenas eu que uso os postais. Dou-te os parabéns por teres enfim ficado livre duma tão grande maçada que tanto nos arreliou; ainda bem.[3] A respeito da ida, irei então com o Manuel mesmo que ele esteja cá toda a vida e mais seis meses.[4] Não te esqueças para me darem o dinheiro pois que além da viagem tenho que pagar à Luísa e mais alguma despesa precisa. Em todo o caso espero ir por toda a próxima semana. Até breve. Saudades da

Florbela

[1] Bilhete Postal com carimbo de 24 de novembro de 1923, dirigido ao
Exmo. António Guimarães
Rua Josefa d'Óbidos 24-4º.
Lisboa

[2] Florbela se queixa do desequilíbrio entre uma carta sua e um bilhete de Guimarães como resposta, de maneira que capricha no despeito, escrevendo, em troca, um bilhete.

[3] O bilhete tem um tom meio rancoroso: há algum mal-estar que se infiltra nele, e a tal ponto, que não se pode saber se os "parabéns" são ou não para valer. Há também uma certa indiferença e nota-se uma perda da intimidade. Enfim, algo que os atormentou muito foi sanado — seriam dívidas? Florbela pretende regressar à casa na próxima semana, sendo acompanhada pelo cunhado Manuel — o mesmo que emprestou-lhe dinheiro, aquele com quem ela parece dar-se muito bem. De novo, a preocupação de Florbela com a vida material: é preciso que Guimarães peça aos cunhados que lhe deem dinheiro a fim de que ela possa pagar as despesas de viagem e do restante.

[4] Ela havia assegurado ao irmão que passaria apenas um mês no Porto, e é assim que está procedendo.

[5] Esta afirmação leva a crer que Florbela teria sido advertida suficientemente pelo marido para que não viajasse sozinha.

46

{03/12/1923}

3-12-1923

António[1]

Chego rápido da próxima quinta-feira e por conseguinte às 11 e meia creio eu; saímos daqui quinta às 10 horas e meia, chegamos ao Porto à 1 hora e meia e apanhamos o rápido que é às 5 horas.[2] Eu não tenho nada que escrever à D. Anica; não levo criadas para ninguém pois que à última hora faltaram todas e tenho cá 90$00 da senhora do primeiro andar do nosso prédio a quem eu tinha escrito dizendo que lhe levava duas e afinal nenhuma quer ir.[3] Recebi cá a carta da Maria Luísa; Deus lhe dê sorte com o casamento pois que a merece. A fábrica fez-se hoje a escritura mas o homem só paga em Janeiro; no entanto são com certeza 3 contos e tal que tu terás a receber.[4] Ainda bem que a tua promoção é certa agora; gasta o dinheiro que for preciso; tens o teu futuro garantido não é necessário ralares-te quando tenhas a gastar alguma coisa.[5] Ao teu defensor foi justo que pagasses pois quem trabalha quer dinheiro.[6] A lã chegou há imenso tempo e se te não falei nela foi porque me esqueci. A Maria gosta dela e é o principal visto que o vestido é para ela.[7]

Até quinta-feira. Saudades da tua mulher[8]

Bela.

---

[1] Esta carta é escrita de Gonça, onde Florbela ainda se encontra, em casa dos cunhados. Muito depois, em carta ao pai, de Esmoriz, de novembro de 1925, Florbela, já casada com Mário Lage, explicará que: tendo o Dr. Cassiano Neves aconselhado-a a ir descansar no campo, ela viera para o Norte, "com o Manuel

que sempre me tratou muito bem {o cunhado, irmão de António}, e aqui, falando com o meu marido {com Mário Lage, o marido atual} que sempre foi meu amigo, contei-lhe tudo; de conversa em conversa, não sei como ficou assente eu ir para sua casa, divorciar-me e casar com ele que sempre tinha gostado de mim sem nunca me dizer nem o mostrar. As coisas precipitaram-se quando voltei para Lisboa". Ela também acrescenta que o divórcio foi difícil, que ela chorou muito e sofreu sozinha: "mas, se eu não tivesse saído de casa, tinha ele saído, segundo me disse e acredito". A carta em questão foi publicada por Celestino David na obra citada.

[2] Repare-se como a energia da carta se encontra em nível muito reduzido, em baixo registro, e que a carta parece apenas obedecer a uma fria mecânica de horários e de listagem inócua de notícias. Florbela se encontra em seu inferno astral, pois que escreve numa segunda-feira, dia 3, projetando chegar em casa numa quinta-feira, dia 6. Seu aniversário será no sábado, quando completará 29 anos. Deve ter sido, pois, durante tais dias que ela toma a resolução de se separar de Guimarães, tal como se constatará na carta de 29 de dezembro para Apeles onde, segundo se sabe, tudo já está decidido, inclusive a definição de divórcio. Essa época próxima a seu aniversário parece constituir-se para ela num período crítico: lembro apenas que Florbela se mata nessa ocasião, sete anos depois.

[3] A maneira como responde às questões postas por ele na carta anterior é de alguém que está muito contrariada e que parece *à bout de souffle*.

[4] Suponho que se trate de uma herança comum a Guimarães e a seus dois irmãos, notícia que ela se apressa a lhe passar, pois que a questão monetária parece ter-se de fato transformado em foco de problemas conjugais.

[5] Parece que as escuras nuvens que o levariam para África começam a se aplacar, visto que Florbela refere o seu futuro garantido.

[6] Seria este o assunto pelo qual Florbela o parabenizou no bilhete anterior? Trata-se de um "defensor", portanto, de um advogado? Estaria Guimarães metido em alguma questão judicial?

[7] Maria é a irmã de Guimarães, na quinta de quem Florbela se encontra hospedada. Trata-se de um corte de lã enviado por Guimarães como presente para ela.

[8] Apesar do tom lacônico e contrariado, Florbela ainda se despede com saudades, ainda se identificando como a "tua mulher".

46(1)

{29/12/1923}

Meu querido irmão[1]

Certamente te irá surpreender e penalizar a minha carta, mas entendo que é melhor dizer-te eu própria tudo que há de novidade, em vez de deixar que aos teus ouvidos cheguem malevolências que te podem dar de mim uma ideia errada e injusta.

Eu deixei que tivesses da minha vida uma certeza de felicidade que ela de forma alguma possuía; nunca me ouviste uma queixa, nunca ninguém me viu uma lágrima, e no entanto a minha vida há dois anos foi um calvário que me dá direito a ter razão e a não me envergonhar de mim.[2] Sofri todas as humilhações, suportei todas as brutalidades e grosserias, resignei-me a viver no maior dos abandonos morais, na mais fria das indiferenças;[3] mas um dia chegou em que eu me lembrei que a vida passava, que a minha bela e ardente mocidade se apagava, que eu estava a transformar-me na mais vulgar das mulheres, e por orgulho, e mais ainda por dignidade, olhei de frente, sem covardias nem fraquezas, o que aquele homem estava a fazer da minha vida, e resolvi liquidar tudo simplesmente, sem um remorso, sem a mais pequena mágoa. Estou a divorciar-me e para me casar novamente, se a lei mo permitir, ou para viver assim, se a moralidade do Código o exigir.[4]

Dois anos lutei em vão por fugir a um amor[5] que estava a encher-me toda, e este que eu encontrei agora orgulho-me dele pois é um ser único, como eu esperava encontrar, enfim, na vida.[6]

Tudo quanto me digas não é a décima parte do que eu me tenho dito.

Pensei na sociedade, pensei na família, nas relações, nos amigos e principalmente em ti, mas que queres? Eu não podia sacrificar-me a isso tudo que é muito, mas que nada é comparado a isto que eu sinto e que eu antes queria morrer do que perder.

Por isso não me digas nada; para quê?

Pensa de mim o que quiseres, que eu estou disposta a aceitar tudo contanto que uns olhos me vejam sempre a melhor, a única entre todas as outras.

Que importa o resto?

Para ti serei sempre a mesma, a irmã muito amiga de quem podes dispor em toda a minha vida; para os outros morri; que me enterrem em paz, que não pensem mais em mim e é tudo o que eu desejo.

Gostava de saber de ti, mas se tu não quiseres mais lembrar-te que eu existo, adeus até um dia que tu queiras, pois serei sempre a mesma, a tua

Bela

---

[1] Carta publicada por José Emídio Amaro.

[2] É espantosa esta revelação assim tão próxima de uma carta em que Florbela declara a António: "Saudades da tua mulher". Entre aquela e esta há apenas uma pequena distância de 26 dias! Além disso, se há dois anos ela vive esse "calvário", algo deve ter ocorrido a partir de final de 1921 — ainda no ano em que se casaram! O casamento ocorre em 29 de junho de 1921; ainda em julho, Florbela escreve, de Évora, duas cartas extremamente amorosas a Guimarães. Os problemas parecem ter, portanto, começado a partir da vinda do casal à Lisboa. O único indício palpável, como vimos, de algum transtorno entre o casal transparece apenas numa carta de Florbela a Henriqueta, da Amadora, em 20 de abril de 1922, após a Páscoa. Nessa carta, Florbela se refere a António como o "bicho mau", por duas vezes. Segundo rumores de más línguas, não confirmados, consta que Guimarães batia em Florbela ou ela nele — e, neste caso, para acordá-lo enquanto ela lhe lia seus poemas...

Há também outros rumores acerca da separação de ambos, notadamente aquele dos "ovos escalfados", que narro na abertura desta correspondência. Essa teria sido a "explicação", fornecida a Rui Guedes, para o fato de todo o montante mais expressivo do acervo de Florbela (hoje depositado na Biblioteca Pública de Évora, e que inclui o manuscrito "Trocando olhares", os dois manuscritos anteriores ao *Livro de Sóror Saudade* — *Livro do nosso amor* e *Claustro das quimeras* —, grande número de cartas, de fotos, de recortes, de folhas avulsas de poemas etc. etc.), ter sido encontrado nos legados de António Guimarães.

[3] Observe-se que não é diverso este tipo de argumentação desenvolvido agora para Apeles contra Guimarães, daquele que ela própria desenvolvera para Guimarães contra Apeles e o pai, em cartas anteriores: refiro-me às cartas de Sintra.

[4] Segundo consta, em seguida, em janeiro de 1924, Florbela mudar-se-ia para a casa do irmão e da cunhada de Mário Lage, em Esmoriz (Ovar), onde também viviam ele e os pais.

Em 4 de abril de 1924, António Guimarães entra, em Lisboa, com processo de divórcio litigioso contra Florbela por abandono de lar e ofensa por injúrias graves. Serão testemunhas: Joaquim José d'Andrade, casado, comerciante, residente à Rua da Betesga 7, Lisboa — trata-se do sogro de Manuel, que é irmão de Guimarães, e que lhes havia emprestado a quinta em Amadora; Mário da Silva Bastos, casado, comerciante, residente à Rua da Madalena 287, 1º Lisboa — trata-se do mesmo endereço fornecido como sendo o de Florbela; e Alfredo Lopes, casado, comerciante, residente à Rua Tomás Ribeiro 10, 3º Lisboa — cunhado de Buja, casado com Lena, amigo de infância de Florbela. A alegação do Autor será a de que a ré abandonou o lar conjugal; que "pelo seu gênio irascível e insuportável dava um viver conjugal assaz impertinente, a ponto de, por qualquer motivo mais fútil, insultar e injuriar gravemente o A. com expressões ofensivas da sua honra e dignidade, como "malandro", que afetando sobremaneira a sua farda militar, o apoucava deveras na sua qualidade de marido e de homem, cumpridor de obrigações e deveres".

Em 23 de junho de 1925 é decretado o divórcio de Florbela e António Guimarães, na 6ª Vara Cível da Comarca de Lisboa, 1º Ofício.

[5] Mário Pereira Lage, o terceiro marido de Florbela, vai se casar em 1931 (logo no ano seguinte à morte da poetisa) com Maria Antonieta Castilho (viúva do Engenheiro Lúcio Magalhães, ambos conhecidos de Florbela). Ele havia participado da 1ª Grande Guerra, combatera na França, e fora condecorado com a Medalha da Vitória. Era um ano mais velho que Florbela, havia feito medicina no Porto e, nessa mesma província, acabou ocupando cargos relativos à Saúde, o mais importante destes como Diretor da Circunscrição da Defesa Sanitária nos Portos Marítimos e Aéreos da Zona Norte.

[6] Segundo tal declaração, Florbela se apaixonara por Mário Lage há dois anos. Florbela o conhecera no Castelo da Foz, visto que, no mesmo dia em que António Guimarães se apresenta no Destacamento da Artilharia do Porto, situado no Castelo da Foz, ou seja, a 12 de julho de 1920, também o Doutor Mário Pereira Lage toma posse como Tenente-Médico do mesmo Destacamento. Segundo consta, em fevereiro de 1922, Guimarães e Lage teriam se desentendido, de maneira que este pede dispensa da GNR, que lhe seria concedida por despacho de 31 de julho de 1922.

Como vimos, desde o princípio de 1922, Florbela se encontra em Lisboa, para onde se transfere o seu marido, tornado chefe do gabinete do Ministro do Exército. Consta, também, que na sua estada em Gonça, em casa dos cunhados, Florbela teria sido visitada por Mário Lage (que, nesta altura, não é mais médico municipal de Ovar, mas Subdelegado da Saúde em Matosinhos), que lhe teria diagnosticado uma colite.

47

{08/02/1924}

Supremo orgulho[1]

Quanta mulher no teu passado! Quanta!
Quanta sombra em redor! Mas que me importa
Se te trouxeram sonho que conforta
A sua vinda foi três vezes santa!

Erva do chão que a mão de Deus levanta
Folhas murchas de rojo à tua porta...
E quando eu for uma pobre coisa morta
Quanta mulher ainda! Quanta! Quanta!...

Mas eu sou a manhã: apago estrelas
Hás de ver-me, beijar-me em todas elas
Mesmo na boca da que for mais linda!

E quando a derradeira, enfim, vier
Nesse corpo vibrante de mulher
Será o meu que hás de encontrar ainda!

Florbela Espanca

8-2-1924

[1] Soneto escrito no verso de uma duplicata em branco da Andrade & Amaral, Ltda. 7, Rua da Betesga, 9 - Lisboa. Com diferenças de pontuação e outras pequenas alterações, este soneto, com o título de "Supremo enleio", foi publicado na póstuma *Charneca em flor* (1931). É um forte indício de que o original deste soneto estivesse nos papéis de Guimarães.

Ainda no ano de 1924, em 27 de setembro, Fernanda de Castro publica no *Diário de Notícias* de Lisboa, em sua "Crônica da Cidade. Álbum de Retratos", a ideia de fazer uma "Semana da Mulher", sabendo que a resposta que os homens lhes dariam seria o "conselho que nos persegue como um pesadelo desde o princípio do mundo: Literatura? Deixem-se disso... Melhor seria se cosessem as meias...". O fato é que nesse artigo ela refere Florbela, ao lado de Branca de Gonta (filha de Tomás Ribeiro), Maria de Carvalho, Virgínia Victorino, Laura Chaves, Beatriz Delgado, Oliva Guerra, Cândida Aires, Branca da Silveira e Silva, Domitila de Carvalho, Albertina Paraíso, Cândida Pereira, Maria Mesquita da Câmara e Teresa Leitão de Barros.

Fernanda de Castro, escritora de renome, foi mulher de António Ferro, aquele que foi Secretário da Instrução Pública em 1936, e, posteriormente, diretor do Secretariado da Propaganda Nacional de Salazar. Antes disso, como editor do *Diário de Notícias* de Lisboa, foi ele quem chamou a atenção do público-leitor para a obra de Florbela, em janeiro de 1931, quando ela já estava morta. Havia sido ele contemporâneo de Florbela na Faculdade de Direito e editor do número 2 do *Orpheu*. Todavia, quando passa a compor com o salazarismo, Ferro se torna o principal responsável por toda a sorte de embargos contra o levantamento do busto de Florbela no Jardim Público de Évora que, nesta altura, transformara-se numa bandeira feminista e num símbolo contra o salazarismo. De maneira que, depois de vários episódios novelescos, o busto de Florbela apenas será alicerçado ali em 18 de junho de 1949, somente após violenta e arrastada polêmica que leva até mesmo o pai Espanca a se obrigar em perfilhar a poetisa.

48

{17/09/1925}

Tóino[1]

Antes de mais nada quero-te pedir desculpa por não ter estado no Martinho antes de ontem às 9 horas como prometera mas o oficial que devia render-me só o fez às 9 horas 30 minutos e já não me foi possível estar à hora. Agradeço reconhecidamente a tua atenção. Sabes que sou teu amigo e quanto desejo a tua felicidade. Desejo que o dia d'hoje seja para ti o início duma ventura que mereces;[2] desejaria que a minha situação me permitisse estar contigo neste dia mas a tua inteligência desculpará certamente a minha sensibilidade. Envio-te pois um franco abraço de leal amizade e espero que continues a contar-me no número dos teus amigos bons.

Apeles Espanca

Lisboa
17-9-925

[1] Carta de Apelas dirigida a Guimarães. Está redigida numa folha que traz esta rubrica:

AERONÁUTICA NAVAL

GABINETE DO COMANDANTE

DO

CENTRO DE LISBOA

(PARTICULAR)

[2] No dia em que está datada esta carta, 17 de setembro de 1925, António Guimarães está se casando com Rosa de Oliveira Roma Leão, sua segunda esposa. Certamente Guimarães convidara Apeles para a reunião festiva de "despedida de solteiro" no Café Martinho, coisa de que lhe é impossível partilhar — daí que Apeles apele para a sua "sensibilidade", como se lê.

Em 15 de outubro de 1925, quase um mês depois, Florbela vai se casar civilmente com Mário Pereira Lage (32 anos, solteiro e natural de Chaves, freguesia de S. Geraldo de Loivos, onde nasceu em 14 de janeiro de 1893) na Repartição do Registro Civil do Concelho de Matosinhos; o casamento religioso é realizado em seguida, a 29 de outubro, na Igreja Paroquial de Matosinhos, Igreja do Bom Jesus de Matosinhos. Florbela iria completar, então, 31 anos em 08 de dezembro de 1925.

*OUTROS TÍTULOS DE MARIA LÚCIA DAL FARRA
NESTA EDITORA:*

ALUMBRAMENTOS

INQUILINA DO INTERVALO

LIVRO DE AURAS

LIVRO DE POSSUÍDOS

CADASTRO
ILUMI*N*URAS

Para receber informações
sobre nossos lançamentos e
promoções, envie e-mail para:

cadastro@iluminuras.com.br

A *Iluminuras* dedica suas publicações à memória
de sua sócia Beatriz Costa [1957-2020] e a de seu
pai Alcides Jorge Costa [1925-2016].